I0061485

Academia y Poder Legislativo

PROYECTO DE FORTALECIMIENTO LEGISLATIVO
DE **FLACSO** ARGENTINA

Academia y Poder Legislativo

Diálogo y debate sobre la agenda pública

EMBAJADA
DE ESPAÑA
EN ARGENTINA

aecid
Agencia Española
de Cooperación
Internacional
para el Desarrollo

teseo t

Academia y Poder Legislativo : diálogo y debate sobre la agenda pública /
Juan Fernando Calderón G. ... [et.al.]. - 1a ed. - Ciudad Autónoma de Buenos
Aires : Teseo, 2013.
158 p. ; 20x13 cm.
ISBN 978-987-1867-76-9
1. Ensayo. 2. Latinoamérica. 3. Parlamento. I. Calderón G., Juan Fernando
CDD 320.6

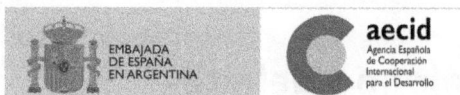

© AECID, 2013

© Editorial Teseo, 2013

Buenos Aires, Argentina

ISBN 978-987-1867-76-9

Editorial Teseo

Hecho el depósito que previene la ley 11.723

Para sugerencias o comentarios acerca del contenido de esta obra,
escríbanos a: **info@editorialteseo.com**

www.editorialteseo.com

ÍNDICE

PREFACIO

Este libro surge de la experiencia del Proyecto de Fortalecimiento de la Capacidad y Calidad Institucional de los Congresos Latinoamericanos para el Desarrollo, del Proyecto de Fortalecimiento Legislativo de FLACSO Argentina. Gracias al apoyo de la Agencia Española de Cooperación Internacional para el Desarrollo, se realizaron durante 2011 y 2012 cuatro seminarios para parlamentarios de América Latina, cuya coordinación y ejecución estuvo a cargo de FLACSO Argentina y para los cuales se reunieron alrededor de veinte legisladores de distintos países.

La propuesta de trabajo fue abordar cuestiones directamente relacionadas con los problemas de gobernabilidad y desarrollo en la región; el pacto fiscal para la cohesión social; gobernabilidad democrática; ciencia y tecnología, innovación para el desarrollo; e inserción nacional en la economía global. Los encuentros, que tuvieron modalidad de seminario, duraron una semana. Durante ese tiempo fue posible generar sinergias tanto entre los legisladores de cada país donde AECID tiene centros de formación (Montevideo, Uruguay; Santa Cruz de la Sierra, Bolivia; La Antigua, Guatemala, y Cartagena de Indias, Colombia) como entre estos y la producción académica.

Entre los objetivos alcanzados a través del proyecto, pueden señalarse los siguientes:

· que miembros del Poder Legislativo de cada país pudieran familiarizarse con la producción académica de modo tal que llegada la ocasión incorporaran ese intercambio como interacción ventajosa para la generación y afinación de políticas públicas;

· que los legisladores consideraran la importancia de contar con investigación de alta calidad para una toma de decisiones mejor informadas;

· indirectamente, el proyecto contribuyó a que también los referentes del ámbito académico consideraran la necesidad de vincular su tarea reflexiva con la urgencia de soluciones que reclaman los problemas concretos de las políticas públicas.

Es sabido que los miembros del Congreso están obligados a tratar y, eventualmente, votar la más diversa legislación. Como es razonable, no pueden conocer ni dominar los aspectos técnicos de cada pieza legislativa y por ese motivo suelen delegar en asesores especializados el estudio en detalle y pormenorizado de la legislación propuesta reservándose el juicio de objetivos buscados, oportunidad y conveniencia de la legislación.

Existen también aspectos de las iniciativas y los problemas que aborda el Congreso a través de la legislación que suelen ser objeto de estudio sistemático por parte de la academia y, sin embargo, no se relacionan con las especificidades del problema, sino que ofrecen distintas miradas sobre los temas particulares. El conocimiento que los investigadores tengan sobre las implicancias de las propuestas legislativas, los costos y beneficios de tales soluciones o la oferta de caminos alternativos son el tipo de debate no coyuntural, que debe ser compartido, discutido franca y profundamente para establecer recorridos construidos entre la academia y los parlamentarios.

En efecto, el pasaje de la sociedad industrial a la sociedad del conocimiento nos obliga a repensar modelos de organización social e inserción internacional, pero también a modificar las formas de producción y difusión del conocimiento. Los legisladores necesitan de un conocimiento que les permita predecir, prever y comunicar soluciones en un mundo que se está reconfigurando. La labor académica no puede relegarse a la discusión teórica, sino que debe comprometerse en un debate sobre los costos, obstáculos y desafíos que surgen o pueden surgir de la aplicación de su producción científica.

Este proyecto fue diseñado para ofrecer a parlamentarios y académicos un espacio de intercambio, reflexión y discusión sobre la producción científica acerca de algunos de los problemas económicos, jurídicos y sociales que los parlamentarios luego abordarán en su trabajo cotidiano. Se procuró la construcción de un espacio que obre de puente entre la academia y el parlamento en un clima de estudio y reflexión plural.

Fortalecer la capacidad y la calidad institucional del Congreso es una manera directa de fortalecer la democracia y la gobernabilidad. Debates no sustentados en datos, experiencias y conocimiento científico disponible no son debates, sino discursos: legislación de pobre calidad, legislación que luego debe ser derogada o modificada, legislación incompleta, legislación ausente, legislación de emergencia que se traduce en el alto costo político y en la pérdida de legitimidad del Poder Legislativo, con su consiguiente fragilidad democrática y la ausencia de políticas de Estado. Asimismo, la actividad de los legisladores exige un desempeño en condiciones de alta eficiencia, no solo en términos de responder a las demandas de los ciudadanos, sino también en ser capaces de lidiar simultáneamente con problemas coyunturales y desafíos estratégicos. Es decir, debe contar con una visión estratégica del futuro anclada en un conocimiento no fragmentado, construido en una matriz teórica y con evidencia empírica.

Esta publicación intenta reflejar, inicial y parcialmente, la experiencia del intercambio académico-político que el proyecto facilitó. Los textos que aquí se reúnen no tuvieron origen en la decisión de ser publicados como libro, pero esta condición es tanto debilidad como provecho. Los beneficios más relevantes son el aporte individual de los actores y la pluralidad de miradas, la multiplicidad de voces que, lejos de ser una mera sumatoria textual, es quizás una conversación. Lo que este libro ofrece no es tanto una propuesta de agenda común, sino más bien la ocasión de presentar distintos asuntos que pueden considerarse y atenderse mutuamente. Es por eso que la organización de un material tan singular se basó en un criterio de recorrido, tránsito desde experiencias y reflexiones más generales a aquellas más particulares, sabiendo expresamente que ese orden no da cuenta de ninguna jerarquía, sino que es más bien una presentación entre las muchas posibles.

Por último, quisiéramos agradecer a la Embajada de España en Argentina, a la Agencia Española de Cooperación Internacional para el Desarrollo (AECID), a los Centros de Formación de la Cooperación Española en Cartagena de Indias (Colombia), Montevideo (Uruguay), La Antigua (Guatemala) y, en especial, a la Oficina Técnica de Cooperación AECID Argentina y a Daniel González.

Asimismo, por su colaboración, agradecemos a Banco ID, INTAL, Embajada de Alemania en Argentina, OC, CEPAL, FLACSO Guatemala, FLACSO Argentina, GIZ, IDEA Bolivia, ICEFI.

También a los expositores de los seminarios: Soledad Aguilar, Fernando Calderón, Ricardo Carciofi, Oscar Cetrángolo, Alejandra Contreras, Alain Fairlie, Jaime Granados, Juan Pablo Jiménez, Michael Jorrat, Fernando Lorenzo, Tania López, Jorge Lucángeli, Enrique Maldonado, Juan Carlos Moreno Brid, Hugo Noé Pino, William Pleitez, Claudia Robles, Héctor Torres, Ana Lya Uriarte.

Agradecemos al coordinador ejecutivo del proyecto, Jesús Rodríguez, a la coordinadora académica, Valentina Delich, y a las asistentes técnicas del proyecto, Camila Rodríguez y Violeta Ángel.

Proyecto de Fortalecimiento Legislativo de FLACSO,
sede académica de Argentina

Conflictos, política y desarrollo

Juan Fernando Calderón G.

Introducción

Las reformas estructurales implementadas desde fines de los años ochenta y durante los noventa en América Latina tuvieron saldos sociales, económicos y políticos negativos. Los altos niveles de pobreza, los escasos avances en términos de disminución de la desigualdad, la caída de la participación del PIB latinoamericano en el PIB mundial, el debilitamiento del lazo y la cohesión social y la crisis política que, sin llegar a cuestionar la legitimidad del régimen democrático, afectó negativamente la gobernabilidad y contribuyó a una fuerte desconfianza en los partidos políticos y en general en las instituciones de los países de la región, fueron en buena medida indicadores de los efectos de tales reformas. Por supuesto que esos saldos no fueron iguales en todos los países, dependiendo de los modos en que se aplicaron las medidas, de los niveles de institucionalidad estatal y de la legitimidad política de los gobiernos en cada uno de ellos. Pero en la mayoría de los países de la región las consecuencias fueron regresivas.

Hacia fines de los años noventa e inicios del nuevo milenio, el surgimiento de renovados movimientos sociales y fuerzas políticas así como de nuevos tipos de conflictos comenzó a marcar el fin de un ciclo, al tiempo que emergía un estilo novedoso de liderazgo carismático y empezaban a gestarse procesos de cambio político que iniciaron otra fase en la historia latinoamericana. Con estos antecedentes, la crisis global actual y el mapa de poder que se configura plantean nuevas opciones y oportunidades para la región, en un escenario en el que las políticas de innovación e inclusión son fundamentales.

Desde este punto de partida, abordaré en este artículo la relación entre conflictos, política y desarrollo. Para ello, en primer lugar, presento un diagnóstico sobre los conflictos sociales en la región, pensando en sus implicancias para la democracia y el desarrollo, basado en el estudio *La protesta social en América Latina*.[1] En segundo lugar, ubico el análisis de los conflictos en el marco de la emergencia de un modelo de desarrollo centrado en el Estado, que llamaré provisionalmente "neodesarrollismo". Finalmente, reflexiono sobre la perspectiva de una "política constructivista" para el tratamiento del conflicto y para la plasmación de un nuevo enfoque de desarrollo.

Los conflictos sociales en América Latina

En este apartado expondré un análisis de los conflictos sociales en la región a partir de su clasificación en tres campos: uno que abarca los conflictos asociados con la *reproducción social;* otro que trata aquellos que se producen en el *campo institucional;* y un tercero vinculado a la *dinámica cultural.* Este análisis se basa en algunas conclusiones del estudio sobre las protestas sociales en América Latina recién citado, que trata los conflictos registrados en 54 periódicos de 17 países entre octubre de 2009 y septiembre de 2010.

La lógica de estos ámbitos de conflicto es relativamente diferenciada. Los conflictos de reproducción social incluyen

---

[1]   Fernando Calderón (coord.) (2012), *La protesta social en América Latina*, Buenos Aires, Siglo XXI, PAPEP/PNUD, Cuadernos de Prospectiva Política, núm. 1. Véase también Fernando Calderón (2012), "Diez tesis sobre el conflicto social en América Latina", *Revista CEPAL*, separata núm. 107, Santiago de Chile, CEPAL.

sobre todo las demandas para satisfacer las necesidades básicas de bienestar referidas a un mínimo de vida digna, trabajo, salud, educación, vivienda, que permitan la reproducción de los individuos y las colectividades humanas; su lógica es en esencia pragmática. Los conflictos del campo institucional se orientan al logro de mayor eficacia en el funcionamiento estatal; su lógica está sobre todo vinculada a la eficiencia y eficacia en la gestión institucional. Los conflictos culturales se orientan a lograr un cambio de los modos de vida; tienen una lógica más bien estratégica.

Los conflictos asociados a la reproducción social

Con *reproducción social* se hace referencia tanto a las áreas básicas de la vida económica y social (trabajo, salud, educación, vivienda, etc.) como a aquellos aspectos que hacen al bienestar general de una sociedad y a la calidad de la vida. Los conflictos en este campo tienen sobre todo una lógica práctica, pues se vinculan a demandas concretas en términos de las condiciones de vida cotidiana de las personas (como mejoras salariales y de la situación general de empleo, asistencia en salud, mayor calidad educativa, viviendas dignas, etc.) y constituyen el primer campo de conflictos en importancia numérica en la región.

Vale la pena subrayar que los conflictos vinculados a la reproducción social surgen principalmente por asuntos de índole socioeconómica, y sobre todo están asociados con el empleo y el consumo colectivo. Otros asuntos que llevan a la movilización de la gente son la discusión y/o aplicación de medidas percibidas como desestabilizadoras o perjudiciales de la situación laboral lograda y en general de la situación económica, o cuestiones relativas a la propiedad y la producción de la tierra. El 59% de los conflictos en el campo de la reproducción social están vinculados a demandas laborales y salariales; ello da una idea de la gran significación que tiene el trabajo en las sociedades latinoamericanas. En 9 de los 17 países que abarcó el estudio citado, los conflictos vinculados al trabajo y a la situación económica superan el 50% del total.

La información sobre los conflictos asociados a la reproducción social muestra que los problemas socioeconómicos ocupan un lugar central en la preocupación de la gente. A nivel regional, estos conflictos representan el 47,3% del total, siendo los más numerosos en 12 de los 17 países estudiados. Analizada la información por subregiones, en la Región Andina y América Central los conflictos asociados a la reproducción social representan aproximadamente el 42% del total. Es llamativo cómo, sin embargo, este porcentaje sube al 58,7% en el Cono Sur.

Esta situación coloca sobre el tapete el tema de la calidad del desarrollo y de la industrialización. La disminución de la desigualdad y de la pobreza será sólida y sostenible si se asienta en la calidad del empleo de las personas y en niveles óptimos de bienestar social.

Mientras que los conflictos por la tierra constituyen solo el 5,3% del total en América Latina, son los que tienen mayor tendencia a radicalizarse, lo que ocurrió en el 53% de los casos en el período analizado. Sin embargo, también los conflictos por cuestiones laborales y/o salariales y aquellos asociados a medidas consideradas negativas en términos económicos por la población tuvieron un alto nivel de radicalización: el 49% para el primer tipo de conflictos y el 42% para el segundo. La tendencia a la radicalización de los conflictos asociados a problemas de tierra pareciera vincularse tanto a la falta de espacios y/o mecanismos institucionales para procesar este tipo de problemas como a la complejidad que muchas veces implican en términos de "cruces" con demandas de grupos étnicos particulares y con intereses políticos y económicos locales. Por otra parte, muchos de los países analizados tienen un retraso histórico en términos de realización de reformas agrarias que permitan romper con relaciones sociales tradicionales vinculadas al régimen de la hacienda.

Los conflictos institucionales

Estos conflictos expresan las demandas de mayor eficacia y eficiencia de las instituciones de parte de la gente y dejan en evidencia la distancia entre estas demandas y la escasa capacidad de las instituciones estatales para dar respuestas satisfactorias a ellas. Más que ser una crítica al sistema institucional, los conflictos ubicados en este campo cuestionan el funcionamiento de dichas instituciones, aunque en muchos casos la crítica al sistema es parte del discurso en este ámbito de conflictividad.

Las demandas expresadas en este ámbito están asociadas a un reclamo de mejorar la gestión y la administración pública, a un aumento de la prestación y de la calidad de los servicios públicos, a agilizar y transparentar el sistema de justicia y a lograr mayor legitimidad de las autoridades. En este ámbito, son conflictos que inciden negativamente en la calidad de la reproducción social. En general son demandas que tienen que ver más con una frágil institucionalidad y débil aplicación de normas en muchos países de la región, que con la ausencia de instituciones. Puede sostenerse que en este campo el Estado es un "productor" de conflictos.

Los conflictos institucionales ocupan el segundo lugar en términos numéricos en América Latina, con el 37,7% del total. Los asuntos que se registraron con mayor frecuencia son reclamos por ineficiencia en la gestión administrativa y protestas en torno a una insatisfactoria prestación de servicios públicos (generalmente por carencia o déficits de obras públicas en localidades particulares o por límites en el suministro de servicios básicos que el Estado debiera garantizar).

A nivel subregional, tanto en la Región Andina como en América Central, México y República Dominicana, estos conflictos representan el 41% del total. En cambio, en el Cono Sur representan el 28,7% de los conflictos, destacando Uruguay, donde el porcentaje solo llega al 20 por ciento.

En cuanto al nivel de radicalización de este tipo de conflictos, aquellos que más se radicalizan son los asociados a problemas de límites político-administrativos (el 56%), al incumplimiento de convenios (el 53%) y al cuestionamiento o falta de reconocimiento de autoridades (el 49%). Asimismo, cerca del 40% de los conflictos vinculados a la ineficiencia de la gestión administrativa y a la prestación de servicios públicos alcanzan niveles de radicalización importantes. El hecho de que un alto porcentaje de los conflictos institucionales se radicalice deja en evidencia la debilidad estructural de las instituciones de gobierno en la región.

En este campo de conflictos existe un costado "para-institucional", que marca la relación entre Estado y actores sociales. Esa "parainstitucionalidad" supone un flujo de juegos de intereses entre espacios y mecanismos formales e informales de procesar y resolver conflictos que tiene relevancia en la región. Una hipótesis explicativa de este fenómeno es la coexistencia de relaciones sociales basadas en redes y jerarquías, "legado" del pasado colonial, e instituciones modernas. Ejemplo de ello es el clientelismo. Este tipo de relaciones informales se da en todos los espacios de interacción social, llegando incluso a los ámbitos formales.

Los conflictos culturales

Los conflictos culturales cuestionan formas de vida y organización de la sociedad y se orientan a lograr nuevos modos de convivencia y de interacción social entre las personas, grupos e instituciones; enfatizan la calidad de la vida cotidiana sobre la base de cuestiones no sólo objetivas y prácticas, sino también subjetivas y valóricas. Por ello se los ubica como estratégicos, pues plantean la búsqueda de cambios profundos en el modo de vivir de nuestras sociedades. Los altos niveles de desigualdad, que es sobre todo socioeconómica pero también cultural, y la debilidad institucional en América Latina son factores importantes que se encuentran en la base de este tipo de conflictos. En este ámbito, en la región destacan los conflictos ideológico-políticos, los de seguridad ciudadana y, cada vez con mayor énfasis, los ecológicos, en los que prevalece la oposición a un modelo de desarrollo vinculado a la explotación, la reducción y la contaminación de los recursos naturales. Muchos de estos conflictos buscan redefinir relaciones sociales para lograr una mejor convivencia ciudadana y mayor seguridad.

Si bien los conflictos culturales tienen menor peso númericamente hablando, pues configuran solo el 15% del total en la región, tienen un impacto muy alto, tanto gracias a las redes sociales viabilizadas por las nuevas tecnologías de información cuanto a que cuestionan no solo prácticas con un sentido económico, sino ante todo los valores sobre los que se fundamentan las sociedades. Es decir, suelen llevar a la pregunta sobre qué sociedades queremos y qué desarrollo es posible. Por su impacto ampliado, es posible considerarlos conflictos estratégicos que afectan los vínculos de nuestras sociedades con los procesos de globalización y que pueden llegar incluso a cuestionar la democracia.

El 28% de los conflictos culturales tiene como horizonte lograr mayor seguridad ciudadana frente a la delincuencia. El 25,6% de estos conflictos se da en el plano de la lucha ideológico-política, en general por visiones opuestas entre grupos internos de partidos políticos que pueden llevar a un enfrentamiento abierto. Se trata asimismo de los conflictos culturales que más se radicalizan, seguidos por aquellos que demandan mayor seguridad.[2] El 24% de los conflictos culturales tiene contenido ecologista y cuestiona el manejo de los recursos naturales por parte de organismos públicos y privados o plantea una demanda de control de tales recursos. Por su contenido universal en términos de afectación del medioambiente a nivel global y de cuestionamiento de un desarrollo basado en la explotación de los recursos naturales, los asuntos ecológicos tienen una gran repercusión y es muy difícil discutir sus razones. Aquí, por ejemplo, se encuentran los conflictos asociados a la minería, que han crecido en toda la región, como también los vinculados a la construcción de infraestructura, sobre todo en la Amazonía.

Dos actores destacan por el lugar clave que ocupan en este ámbito de conflictos. Por un lado, los jóvenes, tanto por su participación en espacios de movilización como por el planteamiento de nuevas demandas. Tecnosociabilidad, conflictos en red y nueva politicidad son los rasgos propios de los jóvenes en este ámbito. Por el otro, las mujeres, por su carácter propositivo y su potencial de cambio cultural, político y social.[3]

Estos tres ámbitos de conflictos colocan variados y diversos temas que constituyen desafíos para los gobiernos de la región. No solo se trata de reaccionar política y socioeconómicamente frente a las consecuencias negativas

---

[2]   La radicalización ideológico-política y la violencia que genera afectan muy negativamente la gobernabilidad y la convivencia democrática. Parece clave garantizar espacios democráticos de convivencia político-ideológica.

[3]   Véase PNUD (2009), *Informe sobre Desarrollo Humano para Mercosur 2009-2010. Innovar para incluir: los jóvenes y el desarrollo humano*, Buenos Aires, PNUD/Libros del Zorzal.

de las reformas estructurales durante los años noventa. Se trata de combinar respuestas pragmáticas, resolver asuntos históricos y pensar nuevas estrategias de desarrollo.

La idea de "inflexión histórica" comenzó a ganar terreno como recurso conceptual que permitiera comprender el cambio de orientación política de los Estados en América Latina frente a las difíciles situaciones que experimentaban muchos de ellos luego de la etapa neoliberal de la década de 1990. Dicha "inflexión" hacía referencia tanto al sentido de la democracia como al del desarrollo, y constituyó un eje a partir del cual se pudieron identificar diversos problemas que vivían los países latinoamericanos y las orientaciones políticas emergentes que, en otro estudio,[4] hemos clasificado en cuatro grandes tendencias: nacional-popular, neodesarrollista indigenista, de reformismo práctico y de modernización conservadora. Sin embargo, destaca como transversal a las cuatro tendencias mencionadas la recuperación del papel del Estado como actor central del desarrollo y como articulador clave de las relaciones entre sociedad y economía.

Por su importancia en términos de la cantidad de gobiernos de la región que fueron configurando esta tendencia, y por las implicaciones que tiene como propuesta de un nuevo modelo de desarrollo, en el apartado siguiente me detendré en la caracterización de la orientación política neodesarrollista.

---

[4]   Fernando Calderón (2012), *América Latina y el Caribe: Tiempos de cambios. Nuevas consideraciones sociológicas sobre la democracia y el desarrollo,* Buenos Aires, FLACSO/Teseo.

Un nuevo desarrollismo

Esta orientación hacia un nuevo desarrollismo se basa principalmente en la estabilidad de la macroeconomía, la preservación de los equilibrios fiscales, el control de la inflación, la ampliación del mercado interno, la mejora de las condiciones salariales y de la demanda agregada, el aumento del empleo y la redistribución del ingreso. Su dinamismo descansa en los sectores exportadores de la economía.[5] Mencionaré a continuación sus principales rasgos.

El retorno del Estado como articulador de las relaciones entre sociedad y economía

Este retorno del Estado se produce en un contexto en el que hay una demanda desde la ciudadanía de que este actor ocupe un lugar central, mejore su eficacia y eficiencia y resuelva asuntos que ningún otro actor puede resolver en las sociedades. Tal demanda tiene lugar en medio de una crisis y cambios globales, y en particular, regionales, que dejan en evidencia la estrechez de miras que supuso el discurso que pregonaba el achicamiento de la esfera pública. Solo un dato en este sentido: las economías emergentes producen hoy más del 50% del PIB global, y en ellas el Estado es un actor clave del desarrollo. Esta recuperación del Estado como actor central es entonces una respuesta a la demanda ciudadana y a la evidencia de los resultados negativos del ciclo neoliberal. Sin embargo, ello no supone que esta lógica estatal resuelva por si sola los problemas de la democracia o del desarrollo.

---

[5]   Un interesante documento sobre este nuevo modelo de desarrollo puede verse en A. Araníbar y B. Rodríguez (2013), "Latinoamérica: ¿del neoliberalismo al neodesarrollismo?", en prensa.

La importancia de una lógica integracionista subregional

Algunos países de la región –particularmente Brasil, Argentina, Bolivia, Ecuador y Venezuela– comenzaron a promover un proyecto de desarrollo que, anclado en un discurso que enfatizaba la importancia de la integración regional, se orientó a estimular la demanda agregada al mismo tiempo que negociaba nuevos acuerdos con empresas transnacionales.

El peso del modelo neodesarrollista de Brasil, en especial, empieza a ser paradigmático en la región. América Latina pasa a ser económicamente más interdependiente y se considera que esa interdependencia económica es la que brinda mayores potencialidades de autonomía y desarrollo.

El favorecimiento de una alianza social entre diversos sectores

Se busca fortalecer una alianza social entre sectores populares, medios y empresariales (principalmente manufactureros), con el fin de articular el crecimiento del empleo, la inclusión social e la industrialización. Esta nueva alianza social sería el sustento para la ampliación de un mercado interno regional de bienes manufacturados y para el impulso de la exportación de bienes primarios hacia los mercados internacionales, sobre todo a China. En este sentido, el horizonte económico se abre.

En este contexto, se han reconstituido algunas empresas estatales en varias esferas clave de la economía; algunas, asociadas con transnacionales, y otras, de manera autónoma.

Por otra parte, en algunos países se han venido conformando nuevas burocracias, con poder en el campo de la gestión de gobierno, cuyos integrantes provienen de sectores medios emergentes y partidos políticos o movimientos sociales afines al gobierno.

La emergencia de políticas multiculturales promovidas desde el Estado

Se trata de políticas que fundamentarían una nueva institucionalidad a partir del reconocimiento de identidades históricamente rechazadas o desvalorizadas, como las de los pueblos originarios y afrodescendientes. Podría aventurarse que en el imaginario cultural se está instalando una lógica más pluralista que en el ámbito de la política. En todo caso, a esta "apertura" multiculturalista estaría asociada la emergencia de formas novedosas de movilización y participación social.

La aplicación de políticas sociales de corte distribucionista

Estas políticas han tenido un impacto social muy importante especialmente en su contribución a la disminución de la pobreza, sobre todo a través de mecanismos de transferencia directa, aunque no tuvieron, sin embargo, el mismo impacto sobre la desigualdad. En este mismo ámbito, pueden incluirse políticas orientadas a apoyar a sectores empresariales informales y a mantener e incluso aumentar los niveles de empleo.

Sin embargo, la gran cuestión estratégica consiste en el desarrollo de las capacidades políticas y de agencia para lograr una sinergia entre la exportación de recursos primarios y un proceso de industrialización, ampliación y modernización de la infraestructura pública, fenómenos por cierto asociados con un mejoramiento cualitativo de la educación, la investigación en ciencia y tecnología y la innovación productiva a escalas de competencia en los mercados internacionales. Inclusión con innovación parece ser el desafío estratégico. En este ámbito, el neodesarrollismo es por el momento un modelo en formación.

Con todo, aunque los gobiernos con esta orientación obtuvieron logros muy importantes sobre todo en términos de disminución de la pobreza y en el sostenimiento del crecimiento económico en los últimos años, como decíamos antes, la desigualdad es aún un problema clave. De acuerdo con el *Informe sobre Desarrollo Humano 2010*, es posible caracterizar la desigualdad en América Latina y el Caribe según tres características muy concretas: es alta, es persistente y se reproduce en un contexto de baja movilidad socioeconómica. Según esta misma fuente, si se considera el ingreso per cápita de los hogares, de los 15 países más desiguales del mundo, 10 pertenecen a la región. Asimismo, el coeficiente de Gini, que mide la desigualdad en términos de ingresos, era el "65% más alto que en los países de ingresos altos, [el] 36% más elevado que en los países del Este Asiático y [el] 18% superior al del África".[6] A ello se suma un muy alto nivel de concentración de riquezas.[7] Todo esto genera un fuerte sentimiento de injusticia y frustración.[8]

Gran parte de los procesos políticos actuales tiene que enfrentar esta problemática común en la región y los conflictos que de ella se derivan. Y en gran medida, la viabilidad de la propuesta "neodesarrollista" está vinculada a la capacidad de resolver los conflictos sociales en curso.

Presento a continuación el enfoque conceptual del constructivismo político como propuesta para procesar los conflictos y promover el desarrollo.

---

[6] PNUD (2010), *Informe sobre Desarrollo Humano 2010. La verdadera riqueza de las naciones: caminos al desarrollo humano*, Buenos Aires, PNUD/Mundi-Prensa.

[7] Véase, por ejemplo, para el caso de México: I. Guerrero, L. F. López-Calva y M. Walton (2009), "The Inequality Trap and Its Links to Low Growth in Mexico", en S. Levy y M. Walton (eds.), *No Growth Without Equity? Inequality, Interests, and Competition in Mexico*, Washington DC, Palgrave Macmillan/World Bank.

[8] El 79% de los latinoamericanos consideraba injusta en 2010 la distribución de ingresos (*Informe Latinobarómetro 2010*).

El constructivismo político y el desarrollo

El constructivismo político se asienta en la capacidad política de los actores de producir un orden conflictivo, resultado de la interacción y el reconocimiento entre diferentes, e incluso opuestos. Ello supone comprender y aceptar la libertad y la identidad del (de los) otro(s) en el intercambio. La política constructivista puede entenderse, entonces, como el "arte de lo mejor posible" y su modalidad principal es la del intercambio basado en el reconocimiento recíproco.

Este enfoque reconoce el peso de la dimensión socioeconómica y de las relaciones desiguales de poder que se expresan en los conflictos, pero entiende que es posible construir un orden social en un marco democrático si se asume la pluralidad sociocultural de las sociedades. Dicho "orden", por lo demás, no es considerado como un statu quo ideal a alcanzar, y es el resultado de un proceso conflictivo. Por lo tanto, desde esta mirada, se trataría de un orden conflictivo de la diversidad cultural, que solo puede garantizar la democracia, fortalecerla y buscar la paz y el acuerdo entre diferentes.

Por un lado, esta perspectiva asume que la política y los actores sociales se constituyen en el mismo proceso del conflicto, teniendo en cuenta, como se dijo antes, las relaciones históricas de poder entre los distintos actores. Por otro lado, el constructivismo político tiene una visión normativa de la política, según la cual la política está orientada por valores. Vattimo expresaba bien un valor central de este enfoque cuando sostenía la idea de que no es cuando se tiene la verdad que es posible ponerse de acuerdo, sino que es al lograr un acuerdo cuando se encuentra la verdad.[9]

---

[9]   G. Vattimo (2006), "Conferencia en La Moneda", Santiago de Chile.

La política constructivista busca el desarrollo centrado en las sociedades, pues necesita promover las capacidades de los actores del desarrollo de manera equitativa para vincular la innovación económica, la educación y el conocimiento en función de una mejor calidad de vida basada en valores y prácticas relativas a la dignidad de las personas y sus derechos humanos. Hoy el desarrollo tiene chances de ser cada vez más una forma de vida que un patrón de consumo.

El enfoque propuesto asume como indivisible la dignidad de las personas y como indivisibles los componentes del desarrollo. En este sentido, busca construir una relación fecunda entre innovación económica y equidad social como también entre sostenibilidad ambiental e institucionalidad democrática. Las personas, las comunidades y sus identidades respecto al lugar central del trabajo en la organización de la subjetividad ciudadana y la reproducción social y cultural son también, a mi juicio, fundamentales.

La deliberación política es un importante recurso que necesitan las sociedades para lograr acuerdos y pactos entre intereses diferentes y/o contrapuestos y evaluar procesos y resultados, para hacer sostenibles y prácticas sus reformas y metas de desarrollo y para proyectar el tipo de convivencia que se espera construir entre distintos.

EL PAPEL DE LOS CONGRESOS EN LAS POLÍTICAS PÚBLICAS

Jesús Rodríguez

Introducción

Uno de los procesos que distingue y caracteriza la evolución de los asuntos globales, en las recientes décadas, es la democratización. América Latina no estuvo ausente de ese fenómeno, y es así que hoy, en la segunda década del siglo XXI, prácticamente todos los países de la región tienen gobiernos que son el resultado de la expresión de la soberanía popular.

Es por eso que resulta pertinente preguntarse por el papel de los congresos en esta etapa que ha sido caracterizada como la de la "posdemocratización" en América Latina. Una lista seguramente incompleta de las razones que justifican indagar sobre el papel de los congresos en las políticas públicas es, en primer lugar y por otro lado la más obvia, la propia vigencia de la democracia. Este dato significativo de la vida política de la región, que se caracteriza por el período más extenso de plena vigencia de los regímenes democráticos a lo largo de la historia, no es un rasgo que definió desde siempre a América Latina.

A pesar de ello, es posible reconocer claroscuros. Si bien es cierto que en todos los países de la región existen sistemas democráticos que seleccionan sus autoridades a partir de la decisión popular, no es menos cierto que entre 1985 y el año 2011 son 23 los presidentes que no concluyeron su mandato, en una saga que se inicia con el presidente Hernán Siles Suazo en Bolivia en 1985 y que llega hasta la destitución del presidente Lugo, en Paraguay, en el año 2011.

Un dato que caracteriza esta situación, una verdadera "revocatoria de facto de los mandatos", es que solo en dos episodios –el señalado del presidente Lugo en Paraguay y el del presidente Collor de Melo en Brasil– se siguieron escrupulosamente los procedimientos institucionales. En el resto de los casos, las dimisiones de los presidentes tuvieron como causas directas e inmediatas verdaderas revueltas populares.

Sin perjuicio de ello, y a pesar de que dichos presidentes no concluyeron sus mandatos, en ese período de los años ochenta en adelante, solo en la República de Perú durante un breve lapso en los años 1992 y 1993, donde estuvo cerrado el Parlamento, siempre estuvieron los congresos funcionando como espacios representativos de la voluntad popular expresada en las urnas.

Una segunda razón que justifica una mirada sobre el papel de los congresos en las políticas públicas es que hoy en la región de América Latina, a diferencia del pasado, no se verifican procesos económicos con alta inflación. En efecto, solo Argentina y Venezuela tienen en nuestros días tasas de inflación de dos dígitos. Esto significa que es posible, en consecuencia, formular políticas con proyecciones y previsiones de naturaleza económica que, en otras circunstancias del pasado, cuando regían y se verificaban altísimos índices de inflación, lo hacían prácticamente imposible

Una tercera razón por la cual es pertinente reflexionar o pensar acerca del papel de los congresos en la formulación de las políticas públicas es la cada vez más creciente convicción, en los planos académicos y en los actores políticos, de la asociación positiva que existe entre la fortaleza institucional y el desarrollo económico.

Al mismo tiempo, un motivo adicional para pensar el papel que los congresos tienen en la formulación de las políticas públicas es que precisamente allí es donde están representadas las diversidades y pluralidades de nuestras sociedades, en contraposición con un Poder Ejecutivo que tiene y exhibe fuertes y concentradas atribuciones como consecuencia del presidencialismo, que es la regla dominante en los sistemas institucionales de América Latina.

Por último, y no menos importante, un argumento adicional al momento de reflexionar sobre el papel de los Congresos es que está insinuándose en la región, como en otros zonas del mundo, una discusión sustantiva referida a las interrelaciones entre la sociedad, el Estado y el mercado, y es en los parlamentos donde, por cierto, se verificará y reflejará ese debate acerca de esta decisiva cuestión, por ser las legislaturas, justamente, una verdadera caja de resonancia político-social.

Los congresos y las políticas

La influencia de los congresos en las políticas públicas involucran al menos dos dimensiones: en primer lugar, los poderes institucionales prescriptos por las distintas normas legales y los textos constitucionales; y en segundo lugar, la naturaleza y distribución del poder partidario que, de manera indubitable, tiene una influencia en las características a través de las cuales los congresos participan en la definición de esas políticas públicas.

En relación con la primera dimensión, las capacidades institucionales de los congresos, como es obvio, dependen de las constituciones de cada uno de nuestros países. En el gráfico 1, *Cambios constitucionales en América Latina en el período 1990-2009,* se explicitan las reformas, enmiendas o nuevas constituciones que, en los países de América Latina, se produjeron en el período señalado. El rasgo distintivo que caracteriza a esas reformas es que, en todos los casos, se refuerzan o amplían los poderes presidenciales, atributos y capacidades de los poderes ejecutivos.

Cambios Constitucionales en América Latina (1990-2009)

PAÍS	CONSTITUCIÓN VIGENTE A PRINCIPIOS DE 1990	CONSTITUCIONES NUEVAS	REFORMAS SUSTANCIALES	OTRAS REFORMAS O ENMIENDAS (1990-2007)
Argentina	1853		1994	
Bolivia (Estado Plurinacional de)	1967	2009	1994	2002, 2004, 2005
Brasil	1988			1992-2007 (cada año)
Chile	1980		2005	1991, 1997, 1999, 2000, 2001, 2003, 2007
Colombia	1886	1991		1993, 1995, 1996, 1997, 1999-2005 (cada año), 2007
Costa Rica	1949			1991, 1993-1997 (cada año), 1999-2003 (cada año)
Ecuador	1979	1998 y 2008		1994, 1995, 1997
El Salvador	1983			1991, 1992, 1994, 1996, 1999, 2000
Guatemala	1986		1993	
Honduras	1982			1990, 1991, 1993, 1996-2005 (cada año)
México	1917		1993-94	1990, 1992-1997 (cada año), 1999-2007 (cada año)
Nicaragua	1987		1995	2000, 2005, 2007
Panamá	1972			1993, 1994, 2004
Paraguay	1967	1992		1995, 2000, 2002, 2004,
Perú	1979	1993		2005
República Dominicana	1966			1994, 2002
Uruguay	1967			1994, 1996, 2004
Venezuela (República Bolivariana de)	1961	1999	2009	

Fuente: *Informe Nuestra democracia*, OEA-PNUD, 2010.

En su desarrollo, las ciencias políticas han elaborado índices para medir y cuantificar los poderes institucionales tanto de los parlamentos como de los poderes ejecutivos. Las diferencias que existen entre los países, a pesar del registro común del presidencialismo que es, a su vez, tributario de lo normado en la constitución de Estados Unidos, hallan explicación en los diferentes procesos históricos, y es por ello que las normas exhiben matices en las capacidades institucionales de los poderes ejecutivos.

Todos los indicadores que se tienen en cuenta para tratar de sintetizar las capacidades institucionales de los poderes ejecutivos y de los congresos incluyen, básicamente, cuatro componentes: el *poder de veto* que el poder de administración tiene sobre las normas legales sancionadas por el Congreso; el *poder de decreto,* entendido como las aptitudes que los poderes ejecutivos tienen para sancionar normas de implicancia legal;

el *poder de iniciativa,* entendido como aquellas prescripciones que determinan sobre qué poder recae la primera jugada en materia de sanciones legales; y el *poder presupuestario,* esto es, las diferentes aptitudes normativas que se le conceden al poder administrador en materia presupuestaria.

En el cuadro 2, *Poderes institucionales de los parlamentos latinoamericanos,* se presentan, para los países de la región, cuatro indicadores: uno corresponde al elaborado por el Programa de Naciones Unidas para el Desarrollo; el segundo es el resultado de una investigación académica; el tercero es fruto de un trabajo de la Universidad de Salamanca; y el cuarto, que se refiere, a diferencia de los otros tres, a las capacidades y atribuciones de los poderes legislativos, es también un trabajo de corte académico.

Poderes Institucionales de los Parlamentos Latinoamericanos (varios índices)

País	PNUD (2004)	ICAPE (2007)	IPIL (2009)	PPI (2009)
Argentina	0,41	0.42	0,31	0,50
Bolivia (Estado Plurinacional de)	0,37	0.48	0,41	0,44
Brasil	0,56	0.43	n/d	0,56
Chile	0,58	0.53	0,70	0,56
Colombia	0,29	0.24	0,51	0,56
Costa Rica	0,36	0.36	0,33	0,53
Ecuador	0,55	0.46	0,58	0,53
El Salvador	0,42	0.40	n/d	0,59
Guatemala	0,27	0.39	0,36	0,50
Honduras	0,38	0.38	0,39	0,53
México	0,37	0.33	0,31	0,44
Nicaragua	0,34	0.39	n/d	0,69
Panamá	0,46	0.52	0,63	0,50
Paraguay	0,34	0.28	0,34	0,56
Perú	0,31	0.49	0,45	0,66
República Dominicana	0,44	0.45	n/d	0,41
Uruguay	0,38	0.44	0,44	0,66
Venezuela (República Bolivariana de)	0,25	0.32	0,51	0,53

Fuente: Elaboración propia sobre la base de PNUD (2004),García Montero (2009), Fish y Kroenig (2009) y Hartlyn y Luna (2007)
Nota: Los datos para cada índice corresponden a las constituciones en vigencia en el momento de su confección.

El poder de veto presidencial es una variable relevante para determinante la influencia del Poder Ejecutivo sobre las políticas públicas, porque mide directamente la capacidad del Poder Legislativo de imponer su voluntad al Poder Ejecutivo. Es diferente en cada uno de los países, donde según la materia puede haber vetos de naturaleza parcial o total, y en general existe un espacio para la insistencia por parte del Congreso y, por otro lado, en la mayoría de los casos son requeridas mayorías agravadas para esa insistencia.

El poder de decreto, por su parte, es relevante porque mide la capacidad del Poder Ejecutivo para sustituir al Poder Legislativo en el ejercicio de su función legislativa. Su fortaleza o debilidad depende de la posibilidad de anular decretos por parte del Poder Legislativo y, también, es función de los alcances temáticos del decreto, de los límites de su vigencia y de la posibilidad de restringir la validez de decretos por el Poder Legislativo.

El poder de iniciativa, en tanto, es relevante porque mide la capacidad del Poder Ejecutivo nacional para ordenar la agenda del Poder Legislativo, y su fortaleza o debilidad depende si la iniciativa presupuestaria es exclusiva del Poder Ejecutivo Nacional y, por ejemplo, si es posible pensar en la creación de impuestos sin tener una plena participación del Poder Ejecutivo.

Los poderes presupuestarios, finalmente, son relevantes para evaluar la influencia del Poder Legislativo en el conjunto de las políticas públicas. Esencialmente dependen de cinco factores: de cómo esté prescripto el ordenamiento normativo del poder de iniciativa; de cómo se contemplen los alcances o modificaciones que pueda realizar el Poder Legislativo; de las especificidades del poder de veto presidencial y del poder de insistencia del Poder Legislativo; y, finalmente, de qué sucedería si, por alguna razón, el

Poder Legislativo no aprueba el proyecto de presupuesto remitido por el Poder Ejecutivo.

Al mismo tiempo, algunos de esos indicadores desarrollados tienen en cuenta la influencia de ciertas variables sobre el propio funcionamiento del Poder Legislativo. En el caso del último indicador presentado en el cuadro 2, el PPI (Parliamentary Power Index), se considera la capacidad del Congreso de influir en el gabinete a partir de designaciones que pueda imponer, o eventualmente de que sea requerido su involucramiento para el nombramiento de funcionarios del Poder Ejecutivo.

Este indicador considera, también, la capacidad de los legisladores de ser ministros reteniendo simultáneamente sus bancas legislativas; tiene en cuenta la capacidad del Poder Legislativo para interpelar a funcionarios de la administración e incluso de investigar actos administrativos, y pondera, asimismo, la capacidad del Poder Legislativo para formular mociones de censura a las acciones y decisiones del poder administrador.

Ese mismo indicador, el PPI, que es del año 2009, considera los incentivos electorales y organizativos de los legisladores, que son relevantes para evaluar la influencia del Poder Legislativo, porque miden la disposición de los legisladores de especializarse. Depende, básicamente, de la posibilidad de reelección, de la ausencia de límites a la renovación de los mandatos y la disponibilidad de personal técnico de asesoramiento que dote de capacidades al Poder Legislativo.

En el caso del tercer indicador –el Índice de Potencialidad Institucional Legislativa, que corresponde a una investigación de la Universidad de Salamanca en España–, se evalúa la capacidad del Ejecutivo para influir en los procedimientos legislativos ordinarios. Esto es relevante porque mide la capacidad del Legislativo para proteger y desarrollar su agenda.

En relación con los resultados que se presentan en el cuadro 2, los valores admitidos en todos los casos varían entre 0 y 1, pero mientras que los tres primeros se refieren a los poderes de los ejecutivos, el último (el PPI) se refiere a los poderes de los congresos.

Como puede observarse, hay diferencias que obedecen no solo a los años de su elaboración, sino también a las distintas ponderaciones que los criterios utilizados pueden adquirir en cada uno de los índices considerados. Además, como es obvio, debe tenerse presente que los indicadores refieren a atribuciones teóricas o nominales de cada país considerado que no necesariamente se verifican en la práctica.

Es por ello que las comparaciones entre países para un mismo indicador deben realizarse con suma prudencia, ya que un apropiado análisis del balance de poderes entre el legislativo y el administrador exige otras consideraciones de mayor complejidad. Por ejemplo, las atinentes al federalismo fiscal, ya que no es idéntica la situación en un país unitario que en otro país con régimen federal de gobierno al momento de considerar las fortalezas relativas del Poder Ejecutivo nacional.

Con todo, la construcción de estos indicadores constituye una herramienta de utilidad y permite extraer algunas conclusiones.

Por caso, al compararse en conjunto los índices que miden los poderes del presidente –los tres primeros– con el último, que se refiere al Poder Legislativo, las tendencias son consistentes. En efecto, los países con valores bajos de los poderes presidenciales presentan valores altos en los poderes parlamentarios.

Así, los índices de poderes y atribuciones del Poder Ejecutivo nacional resultan, en general, el reverso complementario de los poderes legislativos –registrados en el

PPI–, aun cuando debe reconocerse que solo Chile presenta valores conflictivos en esa comparación.

Ahora bien, si solo miráramos estos índices, debería esperarse, como consecuencia, que haya poderes legislativos más influyentes en la mayoría de los países de América Central y, por el contrario, parlamentos o poderes legislativos con menor influencia en buena parte de los países sudamericanos.

Si hiciésemos ese ejercicio, llegaríamos a una conclusión sorprendente. En efecto, si utilizamos como indicador la tasa de éxito de iniciativas promovidas por los legisladores o por el Poder Ejecutivo nacional, aun sabiendo que este indicador es imperfecto porque no toma en cuenta la naturaleza de las leyes aprobadas y que tampoco considera el origen partidario de los legisladores que las promueven, los resultados discrepan con las expectativas de influencia de los congresos.

En el cuadro 3, *Tasas de participación legislativa y tasas de éxito del presidente y el Congreso,* se presentan los resultados, para una serie de países, del porcentaje de leyes aprobadas que tuvieron su origen en iniciativas de legisladores o que fueron remitidas por el Poder Ejecutivo, respectivamente. Del mismo modo, en relación con las tasas de éxito, se presentan –para el mismo grupo de países considerados y para los años analizados– los porcentajes del total de las iniciativas legislativas que fueron aprobadas en el Congreso y la proporción de las iniciativas remitidas por el Ejecutivo que tuvieron, finalmente, sanción legislativa.

	Leyes aprobadas		Leyes aprobadas, sobre total presentado por:	
País	Originadas en Congreso	Originadas en Poder Ejecutivo	Legisladores	Poder Ejecutivo
	(en %)	(en %)	(en %)	(en %)
Argentina (1997-2004)	55	45	4	57
Bolivia (Estado Plurinacional de) (1995-2001)	44	56	22	72
Chile (1990-2003)	20	80	36	73
Costa Rica (1995-2003)	55	45	21	65
Ecuador (1995-2002)	80	20	12	39
México (1997-2003)	79	21	21	89
Panamá (1994-2002)	38	62	32	62
Perú (1995-2003)	78	22	22	74
Uruguay (1995-2002)	39	61	21	68

Tasas de Participación Legislativa y Tasas de Éxito del Presidente y el Congreso

Fuente: Elaboración propia sobre la base de Alcántara, Manuel, García Montero, Mercedes y Sánchez López, Francisco (2005) Funciones, Procedimientos y Escenarios. Un análisis del Poder Ejecutivo en América Latina. Ediciones Universidad de Salamanca.

En todos los países para los que se cuenta con información, la tasa de éxito del Poder Ejecutivo supera siempre a la de los legisladores, sin importar las capacidades institucionales del Congreso. En este sentido, por caso, Chile es un ejemplo consistente, ya que la influencia esperada del Congreso es baja y hay altas tasas de participación y de éxito del Poder Ejecutivo.

Una afirmación que podría extraerse como conclusión de este análisis referido a las aptitudes establecidas por las normas constitucionales y legislativas es que América Latina presenta, a pesar de su raíz presidencialista generalizada, diversidades que deben ser consideradas y, en segundo lugar y más importante, que los índices que pueden construirse para graficar las influencias y capacidades de los poderes involucrados –el Ejecutivo y el Legislativo– revelan su limitación a la hora de estimar la influencia de los parlamentos en las políticas públicas.

La otra dimensión a considerar es la acción de los partidos políticos en los parlamentos latinoamericanos. La naturaleza y la distribución del poder partidario en los parlamentos dependen de factores estáticos, como son los sistemas electorales y las reglas de especificación de la agenda parlamentaria, y al mismo tiempo, de factores dinámicos entendidos como la distribución del poder partidario tanto en el territorio como de las bancas legislativas.

En América Latina hay una convergencia y estabilidad en lo relativo a las reglas electorales y de agenda. En general, las reglas electorales predominantes son las que establecen listas cerradas y de distribución proporcional, y solo en algunos casos, como Bolivia, Venezuela y México, son de naturaleza mixta.

Pero, por otro lado, existen diferencias y variaciones en los grados de nacionalización y fragmentación partidaria y en los patrones de competencia electoral. Es así que los países de América Latina deberían presentar distintos tipos de relaciones entre el poder administrador y el Poder Legislativo, según sean las diferencias en la composición del Poder Legislativo, en los incentivos de los legisladores para definir sus orientaciones y en las preferencias de políticas públicas y, finalmente, en los poderes partidarios de los presidentes.

Una conclusión que puede extraerse es que los parlamentos pueden ser institucionalmente poderosos, pero si la naturaleza y la distribución del poder partidario no crean incentivos adecuados para alguna forma de cooperación entre el Poder Ejecutivo y el Poder Legislativo, ese poder institucional no resulta de influencia sobre las políticas públicas. Además, debe considerarse la dinámica política de la dialéctica oficialismo-oposición, ya que la presencia o ausencia de una cultura de cooperación entre los actores políticos produce resultados disímiles.

Otra dimensión relevante para analizar el papel de los parlamentos en las políticas públicas se relaciona con los tipos de políticas publicas consideradas, ya que estas son críticas para evaluar la influencia de los parlamentos en su formulación, debido a que constituyen el punto de unión entre los poderes institucionales y los poderes e incentivos partidarios de los legisladores

En ese sentido, la influencia del Poder Legislativo será mayor cuando esos poderes e incentivos se encuentren alineados con la naturaleza de la política pública en discusión. El alcance del involucramiento dependerá del balance entre los poderes institucionales del Poder Legislativo y el poder administrador, por un lado, y de la naturaleza y distribución concreta de los poderes partidarios en cada caso.

La ciencia política ha elaborado, también en este caso, distintas tipologías de las relaciones del Poder Ejecutivo y el Poder Legislativo, basadas en combinaciones de factores institucionales y factores partidarios.

Es posible extraer una conclusión preliminar de la influencia de los parlamentos en las políticas públicas: esta será mayor cuantas más cooperativas sean las relaciones entre el Poder Ejecutivo nacional y el Poder Legislativo, y no cuanto mayores sean los poderes institucionales del Congreso.

En ese contexto, el escenario más promisorio para la influencia legislativa en la definición de las políticas públicas es cuando se verifican sistemas partidarios altamente nacionalizados, patrones estables de competencia electoral y, por último, un balance equilibrado de poderes institucionales y partidarios entre el Poder Ejecutivo nacional y el Legislativo.

Las razones que validan esta afirmación son que, en este esquema, los partidos obtienen votos de manera uniforme del conjunto de los distritos, y sus líderes tienen, en consecuencia, incentivos para introducir reglas fiscales que les permiten proteger bienes públicos como la estabilidad macro y formular políticas orientadas al mejoramiento de la cohesión social.

Por el contrario, el escenario menos propicio para una efectiva influencia del Poder Legislativo en la formulación de las políticas públicas es cuando los sistemas partidarios ofrecen una baja nacionalización, cuando los patrones de competencia electoral son inestables y, finalmente, cuando existe un balance desequilibrado entre el Poder Legislativo y el Poder Ejecutivo.

En este escenario, el menos apropiado para una efectiva influencia legislativa en las políticas publicas, los líderes tienen incentivos para favorecer aquellos distritos donde obtienen ventaja electoral y adaptan sus preferencias de políticas a los cambios en el origen territorial o socioeconómico de sus electorados. Al mismo tiempo, si hay desequilibrio entre el Poder Ejecutivo nacional y el Legislativo, siempre habrá recursos institucionales disponibles para cambiar unilateralmente las políticas públicas.

Un aspecto relevante, en estos tiempos de debate sobre las interrelaciones entre sociedad Estado y mercado, es tener presente la percepción social sobre el papel de los congresos.

En el cuadro 4, *Confianza en el Congreso,* y en el cuadro 5, *Evaluación sobre los Congresos,* se explicitan la confianza y la evaluación que los ciudadanos tienen y hacen de las legislaturas nacionales, para distintos años en los países de la región, de acuerdo a las periódicas consultas de Latinobarómetro.

Confianza en el Congreso (en porcentajes)				
	Promedio 2003/2007	2008	2009	2010
Argentina	23	32	29	40
Bolivia (República Plurinacional de)	25	26	34	30
Brasil	30	35	33	46
Colombia	26	27	37	33
Costa Rica	29	28	59	48
Chile	31	33	39	42
Ecuador	8	37	26	24
El Salvador	23	50	47	26
Guatemala	19	25	25	18
Honduras	34	29	28	42
México	29	33	30	30
Nicaragua	19	25	20	23
Panamá	20	18	39	38
Paraguay	19	43	32	29
Perú	17	12	14	14
República Dominicana	42	39	46	32
Uruguay	45	53	64	64
Venezuela (República Bolivariana de)	44	43	44	51
Promedio	26	33	36	35

Fuente: Encuesta de opinión pública Latinobarómetro 2003-2010.
Nota: los valores indicados corresponden, para cada año, a la sumatoria de los porcentajes registrados para las categorías "mucha confianza" y "alguna confianza".

Evaluación sobre los Congresos (en porcentajes)					
	2006		2007		2008	
	Buena	Mala	Buena	Mala	Buena	Mala
Argentina	38	62	25	75	25	75
Bolivia (Estado Plurinacional de)	48	52	48	52	33	67
Brasil	50	50	33	67	56	44
Colombia	63	37	56	44	50	50
Costa Rica	51	49	37	63	42	58
Chile	41	59	34	66	37	63
Ecuador	9	91	10	90	55	45
El Salvador	38	62	47	53	62	38
Guatemala	35	65	28	72	33	67
Honduras	60	40	47	53	38	62
México	46	54	53	47	59	41
Nicaragua	41	59	50	50	49	51
Panamá	40	61	19	81	22	78
Paraguay	33	67	18	82	52	48
Perú	45	55	23	77	18	82
República Dominicana	71	29	49	51	48	52
Uruguay	70	30	68	32	71	29
Venezuela (República Bolivariana de)	68	32	63	37	53	47

Fuente: Encuesta de opinión pública Latinobarómetro 2003-2010.
Nota: para simplificar la presentación de los datos, dentro de la categoría

"buena" se han presentado en forma agrupada las respuestas para las categorías "muy bien" y "bien". Para la categoría "mala" se procedió de la misma manera, agrupando "muy mal" y "mal".

Por último, en el cuadro 6, *Indicadores de capacidades legislativas y atributos de los legisladores,* se presenta una síntesis de la información relevante de los congresos de la región, que permite comprobar que el 50% de los congresos se caracterizan por tener capacidades institucionales medias; el 28%, bajas; y el 22%, altas. Esto quiere decir que en tres de cada cuatro países de América Latina los parlamentos cuentan con medias o bajas capacidades institucionales.

Indicadores de Capacidades Legislativas y Atributos de los Legisladores

País	Confianza en el Congreso (1996-2010)	Pericia Técnica	Legisladores con estudios universitarios (%)	Experiencia promedio de los Legisladores (años)	Nº de comisiones en que participa cada Legislador (promedio)	Fortaleza de las comisiones	Relevancia política del cargo de Legislador	Índice de capacidad del Congreso
Argentina	24.1	Bajo	69.6	2.9	4.5	Medio	Bajo	Bajo
Bolivia (Estado Plurinacional de)	24.1	Medio	78.4	3.3	1.7	Medio	Medio	Medio
Brasil	28.1	Alto	54.0	5.5	0.9	Medio	Alto	Alto
Chile	35.8	Alto	79.4	8.0	2.0	Alto	Alto	Alto
Colombia	24.8	Medio	91.6	4.0	0.9	Alto	Alto	Alto
Costa Rica	32.9	Bajo	80.4	2.6	2.1	Alto	Medio	Medio
Ecuador	15.5	Bajo	83.1	3.5	1.3	Alto	Medio	Bajo
El Salvador	29.8	Bajo	64.0	3.9	2.4	Medio	Alto	Medio
Guatemala	20.9	Bajo	68.4	3.2	3.2	Bajo	Medio	Medio
Honduras	32.9	Bajo	73.1	3.0	2.3	Bajo	Bajo	Bajo
México	29.3	Medio	89.5	1.9	2.4	Alto	Medio	Bajo
Nicaragua	22.7	Medio	85.6	3.5	2.0	Bajo	Medio	Medio
Panamá	23.6	Bajo	81.3	5.8	1.9	Medio	Alto	Medio
Paraguay	25.8	Bajo	75.4	5.5	3.2	Bajo	Alto	Medio
Perú	19.6	Bajo	92.9	5.2	2.4	Bajo	Bajo	Medio
República Dominicana	40.1	Bajo	49.6	3.1	3.5	Bajo	Alto	Bajo
Uruguay	46.1	Bajo	68.4	8.8	1.0	Alto	Alto	Alto
Venezuela (República Bolivariana de)	37.0	Bajo	74.6	4.9	1.0	Medio	Medio	Medio

Fuente: Palanza, Scartascini y Tommasi (2012): On the institutionalization of Congress(es) in Latin America and beyond.

Recapitulando, hay diferentes razones –pero todas de peso– para trabajar sobre el papel de los parlamentos en esta etapa de la postransición democrática. En ese sentido, es necesario asumir que es insuficiente el conocimiento disponible de las interrelaciones del Congreso con el Poder Ejecutivo y, también, sobre los resultados de políticas publicas que se obtienen a partir de las influencias efectivas de los congresos.

Hoy sabemos que es imprescindible tener un esquema conceptual que considere las normas –constitucionales y legales– que reglan las atribuciones de los poderes republicanos involucrados, y también sabemos que ese análisis debe ser complementado con el estudio del funcionamiento efectivo del sistema político y las instituciones –formales e informales– que rigen en cada país. Finalmente, también sabemos que el tipo de política pública es determinante en la consideración de la influencia del Poder Legislativo en la formulación de políticas y que el análisis exige un estudio detallado para cada país donde no es posible determinar o establecer, desde un razonamiento teórico abstracto, resultados previsibles.

DE LA HEGEMONÍA AL MULTIPOLARISMO.
EL FIN DE LA *PAX AMERICANA*

Fernando Iglesias

No había concluido aún la polémica sobre si la caída del Muro de Berlín constituyó el comienzo de la hegemonía planetaria estadounidense, o si fue más bien la hegemonía estadounidense la que terminó derribando el Muro, cuando el curso de los acontecimientos determinó un escenario que ya poco tiene que ver con hegemonía alguna, y que revive muchos de los tópicos del anterior inicio de siglo: pérdida de la centralidad económico-monetaria de la potencia dominante y debilitamiento de su monopolio de la violencia a gran escala, por un lado; ascenso de naciones de carácter escasamente democrático al rol de grandes potencias, por el otro.

Dejemos momentáneamente de lado el sorprendente hecho de que la caída de las barreras espaciales y aduaneras causada por la globalización no ha llevado a la destrucción de las industrias de los países periféricos a manos de las de los centrales –como por décadas profetizó el nacionalismo proteccionista–, sino más bien a la situación contraria, y pasemos a considerar dos cuestiones: 1) ¿cuál es el escenario global emergente de la combinación del declive relativo de los Estados Unidos (y la Unión Europea) y el ascenso de los BRIC (y otros países emergentes)?; 2) ¿es el nuevo escenario más estable o democrático que el anterior, como muchos parecen alegrase, o más bien prolonga sus antiguas crisis y desequilibrios sin resolver ninguno de sus riesgos y amenazas?

Inesperadamente para quienes pensaban que la caída del Muro traería el apogeo globalizado del *American Dream,* el fin de la guerra fría ha derivado en el acabose de la *pax americana,* un ocaso de la potencia hegemónica que repite varios de los temas del fin de la *pax britannica.* En efecto, después de un "siglo inglés" (el siglo XIX) y de uno "americano" (el siglo XX), el comienzo de una nueva centuria muestra nuevamente al país líder perdiendo terreno respecto a sus competidores por la hegemonía internacional, y con ello, viendo erosionado su carácter de gendarme global y garante universal del orden.[1] Ya no solo la unidad de Occidente ha dejado de estar asegurada "externamente" debido a que la desaparición de la amenaza soviética tiende a despegar a europeos y japoneses del paraguas militar americano y de la influencia política de los Estados Unidos. El hecho decisivo es que la emergencia de los BRIC como actores globales lleva al reordenamiento de los equilibrios internacionales y abre un período que tanto puede conducir al multilateralismo y la paz como al multipolarismo y el conflicto.[2]

Existe, además, una ulterior razón para temer un conflicto de grandes dimensiones: más allá de sus formas políticas, las guerras han sido siempre una forma despiadada de la lucha por recursos escasos, principalmente, recursos naturales. Ambas guerras mundiales de inicios del siglo XX fueron, sin duda, algo así como una guerra civil mundial en la que dos formas antagónicas de entender la sociedad

---

[1]   Garante-gendarme benigno o maligno es una cuestión que dejaremos para otro momento.

[2]   Un escenario multilateral supone no solo la existencia de varios polos de poder, sino alguna forma de gestión permanente e institucionalizada de sus recursos y conflictos; además de una toma de decisiones, si no democrática y equilibrada, por lo menos menos consensuada. En caso contrario (y esta parece ser la situación actual), no puede hablarse de "multilateralismo", sino de "multipolarismo", es decir: de existencia de varios polos de poder en un escenario anárquico regido por soberanías nacionales absolutas, por la ausencia de institucionalidad internacional y supranacional, por graves limitaciones al derecho internacional y por la inexistencia de un Estado de derecho globalmente extendido.

y la política se enfrentaron en un escenario planetario diri-
miendo la futura supremacía.[3] Sin embargo, ambas guerras
mundiales estallaron también alrededor del conflicto entre
Francia y Alemania por la posesión de las minas de carbón
de Alsacia-Lorena, esenciales para el desarrollo económico
de ambos países; un conflicto que ya había causado pocas
décadas antes la guerra franco-prusiana (1871). Ahora
bien: si la lucha por recursos naturales escasos es un factor decisivo en la génesis de las grandes conflagraciones,
entonces el mundo se enfrenta –por este solo factor, con
prescindencia de sus aspectos políticos– a un escenario de
inestabilidad, para decir lo menos. Con todas sus virtudes,
la veloz salida de cientos de millones de habitantes de los
BRIC y de países emergentes de la situación de extrema
pobreza y su ingreso a la clase media mundial implican un
aumento dramático de las necesidades de energía, alimentos, metales y materias primas, hasta el punto de que ha
sido hipotetizado que serían necesarios entre siete y diez
planetas para permitir que toda su población alcanzara el
nivel de vida de los países del primer mundo.[4]

   ¿No son las batallas por el petróleo que han caracte-
rizado las últimas décadas un anticipo de un escenario
mundial posible, si no probable, de lo que puede aconte-
cer alrededor del conflicto por los alimentos, la madera,
los minerales, el agua? ¿No es la rápidamente creciente
presencia china en África un anuncio de lo que se avecina
en todos los territorios cuyos recursos materiales no han
sido aún explotados?

   Dos grandes escenarios de alto riesgo quedan así planteados. El de inicios del siglo XX, en el cual China y Rusia

---

[3]   La guerra fría constituyó una etapa sucesiva en este esquema en que "dos
      formas antagónicas de entender la sociedad y la política se enfrentan
      en un escenario planetario para dirimir la futura supremacía".
[4]   Véase, por ejemplo, Jared Diamond (2006), *Collapse. How Societes Choose
      to Fail or Succed,* USA, Viking Penguin.

podrían convertirse –al estilo del Eje germano-italiano-japonés– en nuevas potencias cuyas necesidades y ambiciones globales poseen la capacidad de desestabilizar todos los equilibrios internacionales existentes; y el de fines del siglo XX, en el que un eventual acuerdo chino-ruso podría revivir las tensiones con Occidente que fueron típicas de la guerra fría.

El retorno del antiamerikanismus

Nihil novi sub sole est, la Historia ha sido pródiga en casos en los que el declive de un imperio o la supremacía de un Estado no han llevado hacia el paraíso del equilibrio multilateral sino hacia el infierno de las disputas multipolares. Cuando cayó el sin dudas opresivo Imperio Romano, se acabó la *pax romana* que había regido por siglos, pero el mundo antiguo no dio un paso adelante, sino dos hacia atrás, hacia el fraccionamiento feudal y la obscuridad del Medioevo que tardarían un milenio en ser superados. Y cuando a inicios del siglo XX se disolvió la sin dudas colonialista *pax britannica,* el resultado no fue la convivencia internacional multilateral, sino dos guerras mundiales. Precisamente aquella experiencia, en la cual una Sociedad de Naciones de carácter confederal[5] fue incapaz de transformar el multipolarismo de hecho en un multilateralismo de derecho, parece especialmente significativa hoy cuando la ausencia de todo proyecto federativo de escala global recrea un mundo tecnoeconómicamente integrado e interdependiente pero basado en el principio

---

[5]   *Entiendo por "confederal" (por contraposición a "federal") toda forma de relación entre estados cuyo vínculo no es permanente ni institucionalizado ni –sobre todo– implica algún tipo de delegación de la toma de decisiones y la soberanía estatal.*

–cada vez más ilusorio– de la soberanía nacional absoluta, cuyo resultado inevitable es el fraccionamiento político y la gestión internacional (e inefectiva) de la seguridad y las crisis globales.

Casi un siglo más tarde del inicio de las grandes crisis que conmovieron los cimientos de nuestra civilización, vivimos en un mundo asincrónico cuya tecnología pertenece ya al siglo XXI, cuya economía corresponde a la mitad del siglo XX y cuya política sigue centrada en el artefacto decimonónico *par excellence:* la nación-Estado. La globalización de la tecnología y las finanzas, la internacionalización-globalización del resto de la economía y la gestión política nacional/internacional de los asuntos resultantes prometen generar crisis crecientes y progresivamente desligadas de todo control sociopolítico.

Pero el agotamiento de la *pax americana* no depende solo del declive del dólar, la disminución del porcentaje del PBI mundial elaborado en los países avanzados y la transferencia del crecimiento desde estos a los periféricos. El agotamiento de la *pax americana* posee componentes políticos fundamentales, como el progresivo desapego de los ciudadanos del mundo a las democracias nacionales y el creciente escepticismo sobre las capacidades democráticas de los Estados nacionales, con el consiguiente resurgimiento de tendencias autoritarias y potencialmente totalitarias de diversos signos en casi todos los continentes. Este preocupante panorama se ha visto agravado por la ola global de antiamericanismo que ha seguido a la invasión de Irak. Y bien, aunque perfectamente justificadas por el unilateralismo militarista de la administración Bush, la mayor parte de las denuncias del antiamericanismo militante no se ha dirigido a criticar el nacionalismo estadounidense, sino a los propios Estados Unidos, atribuyendo todas las responsabilidades de los desequilibrios de un escenario internacional determinado por la inexistencia de reglas y

de Estado de derecho al Estado nacional más importante
y poderosos del mundo, es decir: a un país cuya principal
falta es su enorme poder y la consecuente escala global de
los efectos de sus acciones.

Así, de Irak en adelante los abusos cometidos por el
nacionalismo del Estado nacional más poderoso del planeta han reforzado las tendencias nacionalistas en todo
el mundo y legitimado un discurso tercermundista tribal
y territorial, basado en la absurda idea de que el nacionalismo de los poderosos puede combatirse con nacionalismo de los débiles, con la ilusoria esperanza de que un
escenario de disputas internacionales pueda tener otro
efecto que el de reforzar la hegemonía de los más fuertes.
Este nacionalismo tercermundista que prolifera en muchos países emergentes es, además, muy poco original.
Consiste, básicamente, en una versión *aggiornada* y débil
de los tópicos del "nacionalismo de los países proletarios"
enunciado por Mussolini, lo cual incluye la denuncia de
la "decadencia de Occidente", de la "corrupción de los
regímenes parlamentario-republicanos", de la "decrepitud
del modelo anglosajón" y de la "vulgaridad de la cultura
burguesa"; denuncias que ocuparon el centro del escenario político-cultural en el ocaso de la *pax britannica*
y cuyo ejemplo supremo fue el antiamerikanismus nazi
desarrollado durante la República de Weimar y llegado a
su apogeo con el Tercer Reich.

En su obra maestra sobre el nacionalsocialismo,[6] Jeffrey
Herf enumera los valores centrales de esa ideología: antili-
beralismo; antiparlamentarismo; anticapitalismo; devoción
por los procesos revolucionarios capaces de restablecer
la primacía de la política y del Estado; desprecio por el
comercio y por los partidos políticos; orientación interna;

---

6   Jeffrey Herf (1993), *El Modernismo reaccionario,* Buenos Aires, Fondo
     de Cultura Económica.

desarrollo industrial exitoso sin simultáneo desarrollo de una revolución democrática; actitud despectiva hacia lo anglosajón; antiamericanismo; reemplazo de las instituciones por la autoridad de líderes carismáticos; exaltación de los intereses nacionales sobre los individuales, descalificados como "egoístas y contrarios al interés general"; adhesión a la nación como unidad redentora; renovación mística de la identidad nacional; alianza ideológica entre socialismo y nacionalismo; desprecio por la civilización burguesa; empleo de la violencia como medio legítimo de acción política; militarismo y militantismo; nostalgia por una comunidad de sangre, lenguaje y tradiciones; proyectos para la construcción cultural de un "hombre nuevo"; entronización de la cultura nacional como paradigma; reclamo a favor de la unidad espiritual de la nación contra la decadencia promovida por los extranjeros y los capitalistas; opción a favor de la cultura contra la civilización (denunciada como valor "extranjerizante"); individuación de un enemigo global que conspira contra las naciones; reivindicación de los "pueblos jóvenes" contra la decadencia de la civilización occidental; sensación de caída inminente de la propia nación y necesidad consecuente de una acción revolucionaria dirigida a su salvación; protesta contra los "parásitos plutocráticos"; disposición al sacrificio individual; negación de la realidad a través del realismo mágico y el heroísmo romántico; denuncias de la obsolescencia y falsedad de la cultura universal; movilización total; odio por los intelectuales; autoritarismo; rechazo por el cosmopolitismo, el nomadismo y las migraciones; sentimientos de inferioridad nacional compensados por proyectos delirantes sobre la misión histórica de la propia nación.[7]

Todos estos elementos constituyen hoy los contenidos centrales de la desesperación cultural tercermundista,

---

[7]   *Ibid.*

tan crítica de la globalización como incapaz de distinguir el proceso de globalización en sí mismo de su modelo tecnoeconomicista en acto. Han sido estos también los tópicos justificatorios esgrimidos en las sociedades que por motivos endógenos y exógenos han extraviado el camino hacia su propia modernidad. La conclusión es descontada: si el fascismo creció y se desarrolló en países "intermedios" que no habían llegado al grado de grandes potencias pero tampoco estaban completamente subdesarrollados, países en los cuales los deseos nacionalistas de reparar una injusticia histórica –imaginaria o real– eran fuertes; si el fascismo fue una rebelión de los perdedores de un escenario histórico particular y los países de desarrollo medio y en ascenso fueron siempre su territorio de cultivo, ¿no es razonable aplicar una atenta consideración a las amenazas que conlleva hoy el ascenso de Rusia y China al rol de grandes potencias?[8] ¿Qué otra cosa que tensiones y conflictos pueden esperarse de una reconfiguración del escenario internacional en la cual dos autocracias con radicadas tradiciones autoritarias, nacionalistas y militaristas acceden al centro de la escena?

Basta ver lo acontecido después del final de la *pax britannica* para descartar que el fin de la *pax americana* pueda ser considerado, sin más, la excelente noticia que tantos celebran. Los últimos sucesos parecen confirmar esta tendencia: donde todos esperaban el advenimiento del multilateralismo de los acuerdos, parece estar resurgiendo

---

[8]   El mismo Herf ha anticipado en parte estas coincidencias: "Los éxitos actuales del nacionalismo en el Tercer Mundo sugieren que [...] Alemania fue la primera nación que ha mostrado el futuro a otras menos desarrolladas [...] Cuando estos patrones culturales [los del modernismo reaccionario] aparecen en otros países, significa que la vía alemana a la Modernidad ha sido reproducida fuera de Europa". Y concluye: "Mientras el nacionalismo siga siendo una fuerza política importante enfrentaremos continuamente algún tipo de modernismo reaccionario" (Herf, 1993).

el viejo multipolarismo de las disputas, en medio de un escenario anárquico complicado por la crisis económica y las tensiones proteccionistas, que se asemeja ya demasiado al que un siglo atrás terminó llevando al caos y la guerra.

Un mundo multipolar solo comportará un verdadero paso adelante desde el escenario determinado por la *pax americana* mediante el desarrollo de un sistema institucional internacional y mundial capaz de mediar racional y democráticamente sus antagonismos y conflictos. Sin embargo, los reiterados *stop & go* de la ONU y sus capacidades de intervención,[9] el carácter aleatorio e intermitente de su "responsabilidad de proteger",[10] la incapacidad de autoreforma de los organismos financieros internacionales, la debilidad y el carácter sesgado de la Corte Penal Internacional –para no hablar del retroceso en los procesos de integración europeo y sudamericano, ni de la aparición de constelaciones autoritarias nacionalistas y populistas en ambos continentes– parecen demostrar que la realidad se mueve en la dirección contraria: no ya hacia el desarrollo y empoderamiento de instancias e instituciones supranacionales, sino hacia su bloqueo y desintegración.

Si esta tendencia se impone, los críticos a ultranza del escenario unipolar regido por la *pax americana* –una paz efectivamente parcial y sobredeterminada por los intereses de los Estados Unidos– tendrán la posibilidad de observar cómo en el mundo de la globalización de la tecnología y los procesos sociales la fragmentación política internacional constituye una alternativa aún más regresiva y peligrosa que la unidad hegemonizada por un Estado nacional avanzado y democrático.

De allí que en todo el mundo la subsistencia del paradigma de la soberanía nacional absoluta y la supervivencia

---

9   De los cuales el caso de Siria es tan solo el más agudo y reciente.
10   Según la política "Responsibility to Protect" establecida oficialmente.

del nacionalismo en su actual forma de nacionalismo débil estén llevando a un dramático desaprovechamiento de las oportunidades generadas por la revolución tecnológica y por la globalización de los procesos sociales, abriendo la puerta a los demonios y las pesadillas del pasado. Nada cuesta recordar que el año 1913 fue el del final de una era cuyas tendencias globalizantes (auge del comercio, de las migraciones y de la promoción de ferias internacionales y de la creación de instituciones supranacionales) se ase-mejan raramente a las actuales. Fue aquel el comienzo de un período de proteccionismo económico y nacionalismo político seguido por el apogeo de los totalitarismos y por esa Segunda Guerra de los Treinta Años que entre 1914 y 1944 registró los peores episodios de la Historia universal.

Sin ninguna necesidad de postular su repetición, es fácil reconocer que al menos cinco grandes crisis globales amenazan hoy la seguridad del mundo:

Crisis económica	Inestabilidad creciente Colapsos financieros frecuentes Concentración de la riqueza y aumento de las desigualdades sociales intranacionales Correlativo surgimiento de corrientes nacionalistas-populistas-autoritarias
Crisis ecológica	Aumento de la contaminación ambiental Calentamiento climático Agotamiento de recursos no renovables Deforestación Pérdida de biodiversidad Surgimiento de pestes epidémicas globales Aumento acelerado del impacto humano sobe el medioambiente planetario
Crisis demográfica	Incremento incontrolado de la población de los países pobres y disminución en los ricos Régimen de *Apartheid* global Conflictos migratorios en las fronteras del primer mundo Conflictos sociales en torno a los inmigrantes

Pérdida del control sobre la tecnología	Proliferación nuclear Peligro de accidentes nucleares y biogenéticos Experimentación incontrolada de la estructura atómica de la materia y del código genético de las especies Surgimiento de amenazas tecnológicas y riesgos producidos Desarrollo de armas de destrucción masiva y pérdida del control sobre ellas Desajuste entre los procesos de efectos globales y el control político territorial
Pérdida del control sobre la violencia a gran escala	Surgimiento de actores no estatales capaces de ejercer violencia a gran escala Privatización de la violencia por grupos mafiosos y corporativos Extensión del terror fundamentalista Invasiones militares por parte de las grandes potencias Impotencia de las organizaciones nacionales e internacionales

Cada uno de ellas nos demuestra que la humanidad está cruzando un punto de bifurcación en el cual el aumento exponencial de los poderes técnicos sobre la naturaleza nos pone muy cerca, a la vez, del paraíso como del infierno. La emergencia de crisis que afectan las condiciones de vida de todos los seres humanos es la manifestación prefigurativa de estas amenazas. La crisis financiera de 1987, el desastre de Chernobyl, la caída del Muro de Berlín, la guerra del Golfo, la masacre del 11 de septiembre, la amenaza de conflicto nuclear entre India y Paquistán en 2002, la invasión de Irak, la crisis financiera originada en las hipotecas *subprime* y el episodio de Fukushima se constituyen así como hitos históricos que jalonan la emergencia de lo que Ulrich Beck ha llamado "sociedad global del riesgo". Todos estos episodios desafían nuestra conciencia nacionalmente centrada acerca de nuestra realidad y nuestro destino, amenazado en lo inmediato por el recalentamiento climático, la proliferación nuclear y la crisis financiera, y por las infinitas posibilidades de que un episodio dramático desatado por uno de estos procesos pueda operar como el gatillo que dispara una reacción en cadena.

El fin de la civilización tal-como-la-conocemos se ha hecho tecnológicamente factible y políticamente probable porque las instituciones existentes están afectadas por una creciente fragilidad e impotencia, así como de una rigidez que impide su reemplazo o reforma. El hecho alarmante es que por primera vez en la historia no solo los seres humanos somos mortales, sino que la propia humanidad es ya una especie amenazada de extinción debido a la potenciación de los peligros derivados de todo proceso de incremento exponencial de las capacidades técnicas frente a un incremento meramente sumatorio de las capacidades de control.

¿Del fin de la historia hacia el ocaso de la democracia republicana?

Pero aun si todos y cada uno de los peligros globales desatados por la globalización de los procesos sociales sin una simultánea globalización de las instituciones democráticas fuere conjurado; aun si pudiera evitarse en los próximos años o décadas una guerra con derivaciones nucleares, un atentado terrorista verdaderamente masivo (digamos: de decenas de miles de víctimas), un agravamiento radical de la crisis económica, un accidente nuclear o genético, el empeoramiento rápido de las condiciones climáticas y ambientales o una combinación de uno o más de estos factores; aun en este caso, el escenario internacional distaría grandemente de la progresiva extensión del modelo democrático-liberal-republicano que Francis Fukuyama auguraba en los días de la caída del Muro y el fin de la Historia.

Un mundo en el que los dos grandes núcleos democráticos y federales (Estados Unidos y la Unión Europea) pierden poder a manos de potencias autocráticas como Rusia y China promete ser cualquier cosa menos un paraíso de la democracia. De la capacidad de Brasil e India de equilibrar el creciente poder sino-ruso dependerá en parte la evitación de una nueva guerra fría.

No son estas palabras glorificatorias de Occidente. Por el contrario, la presente situación es el resultado previsible de la renuncia de los países de América del Norte y Europa a aplicar al escenario global los mismos paradigmas –democracia y federalismo– que consideran intrínsecos y fundacionales de su orden social interno. ¿Cuánto habría podido avanzarse en el manejo de los grandes problemas globales si, en vez del triste y célebre "nuevo orden mundial" anunciado por Bush padre en 1991, los Estados Unidos hubieran impulsado con todas sus fuerzas la creación y el empoderamiento de nuevas agencias internacionales y globales con poderes reales para el manejo del cambio climático, la proliferación nuclear y la volatilidad financiera? ¿Cuánto más democráticas serían Rusia y China si, en vez de perseguir ilusoriamente la prolongación de sus grandezas nacionales, los países de América del Norte y Europa –es decir, de los dos grandes núcleos federales y democráticos del mundo– hubieran cuestionado la noción de soberanía nacional absoluta y planteado que en un mundo interdependiente y empequeñecido por la tecnología ya nadie puede hacer lo que se le ocurre en su propia casa? ¿Cuánto más equilibrado y menos riesgoso sería el futuro de la humanidad si, en vez de defender su poder de veto en el Consejo de Seguridad, las potencias occidentales hubieran planteado su inviabilidad en cuestiones que atañen a crímenes contra la humanidad, programando su paulatina desaparición, reconociendo y empoderando a la Corte Penal Internacional e iniciando una progresiva reforma y democratización de las Naciones Unidas, según lo previsto en su misma Carta? ¿Cuánto tiempo se hubiera ganado en la gestión global de las crisis globales si se hubiera procedido a la institucionalización de esa asamblea parlamentaria de la ONU que proponen y apoyan miles de legisladores nacionales y la mayor parte de los grandes estudiosos del tema?[11]

Desde luego, nadie tiene buenas respuestas a preguntas contrafácticas como estas. Sin embargo, parece razonable abrir un interrogativo sobre el posible legado de los Estados Unidos y la Unión Europea: aun en términos nacionalistas de la perduración de las actuales formaciones políticas, parece haber llegado el momento de que los ciudadanos y líderes de los Estados Unidos y la Unión Europea comprendan que la prolongación indefinida del escenario de la segunda mitad del siglo XX que los ha visto liderar y hegemonizar el orden internacional y mundial constituye ya una utopía regresiva. De ahora en más, cualquier intento de prolongar la influencia de los dos grandes bloques occidentales debería comenzar por la ampliación a la escala global de sus principios fundacionales: la democracia y el federalismo.

Escenarios alternativos

Si el futuro fuera el simple producto de la prolongación del presente, sería fácil prever hoy diferentes escenarios globales catastróficos o, al menos, un escenario internacional en el cual la democracia liberal republicana empieza a ser también una especie amenazada. ¿Se balancea el mundo en la alternativa entre un escenario internacional mucho

---

[11]   Para la Campaña por la United Nations Parliamentary Assembly, véase en línea: http://es.unpacampaign.org. Para el Manifiesto por una Democracia Global, véase en línea http://globaldemocracymanifesto.wordpress.com/espanol.

menos democrático y otro de crisis radical de la civilización como el vivido a inicios del siglo XX?

Y bien, en un mundo progresivamente más complejo, global, interconectado y en el cual el cambio se acelera a velocidades jamás experimentadas, nada fracasa más que las predicciones lineales. Por eso, es necesario identificar variables divergentes que conducen a escenarios cualitativamente diferentes de los planteados; algunos de ellos, de consecuencias difícilmente predecibles. Entre ellos:

Escenario 1. Crisis económica en China (o en algún otro mercado emergente con capacidades de impacto global).

Si el boom chino decae, si la más prolongada bonanza económica de la historia demuestra ser una variante actualizada de la euforia por los tulipanes (hipótesis de máxima), o si el crecimiento chino se desacelera paulatinamente a medida que las inversiones y las compras extranjeras decaen, el gap tecnológico se colma y las expectativas sociales de los trabajadores chinos y sus salarios crecen (hipótesis de mínima), el impacto sobre la situación política y económica mundial sería tan enorme como lo ha sido el auge chino y de los BRIC.

En este caso, más allá de las diferencias ideológicas, el caso chino repetiría varios de los elementos del *boom* con posterior estancamiento protagonizado por Japón, país que en los años ochenta parecía destinado a convertirse en primera potencia mundial y luego cayó en un pantano de crecimiento cercano a cero durante las dos décadas siguientes.

En efecto, los elementos comunes a Japón y China son varios: 1) *boom* económico de un país asiático de tradiciones confucianas; 2) desarrollo basado en el *copy & paste* tecnológico y en las ventas de objetos industriales a los mercados occidentales; 3) acceso al puesto de segunda economía mundial. Las similitudes no parecen pocas ni de escasa importancia como para ser subestimadas.

Escenario 2. Crisis política en China.

Es necesario señalar, sin embargo, que la prolongación indefinida del gobierno autocrático de China está amenazada tanto por la detención del *boom* económico chino como por su continuidad. En efecto, no ha habido en la historia un proceso de ascenso social y creación de clases medias tan veloz como el chino de estos últimos años, ni tampoco un proceso de ascenso social y creación de clases medias de similar magnitud que no haya llevado a una democratización radical de la sociedad en que ocurría. ¿Seguirán los ingenieros chinos aceptando ser dirigidos por la casta política del PC chino? ¿Se integrarán progresivamente a ella sin modificar profundamente su carácter? ¿Encontrará la China heredera de Mao alguna forma de impulsar la innovación científica y aprovecharla tecnoeconómicamente de manera compatible con el control centralizado de la información y la censura a las libertades básicas? Y si no, ¿se detendrá en una etapa manufacturera de su desarrollo pero será capaz de mantener indefinidamente crecimientos cercanos al 10% anual?

En fin, ¿cuáles serían las consecuencias sociales y políticas internas de una eventual desaceleración china? ¿Hasta dónde su burocracia política sería capaz de desligarse de su responsabilidad en un eventual fracaso económico y de controlar el conflicto social sin recurrir a los niveles masivos de represión ya aplicados en el pasado, y que hoy serían internacionalmente inaceptables?

Escenario 3. Conflicto en Medio Oriente.

Después de años de crisis recurrentes, la situación en Medio Oriente parece atravesar un período de relativa calma. Sin embargo, considerando que ninguna de las grandes cuestiones políticas y sociales regionales ha sido resuelta ni ha experimentado un proceso de mejoramiento, no resulta claro que se marche hacia una estabilidad prolongada. Aún más, si se toma en cuenta el agravamiento de la cuestión nuclear iraní y sus posibles derivaciones, la actual situación de calma puede bien ser la del tipo que precede a las grandes tormentas.

Sobra decirlo, una crisis bélica entre Israel e Irán podría tener un efecto dominó sobre un escenario internacional ya suficientemente complicado por una economía global estancada y semiparalizada. Suba de los precios de la energía, agudización de la recesión en el primer mundo, mayor desempleo y ascenso de los populismos nacionalistas, aumento de las tendencias proteccionistas, nueva vuelta de tuerca a la recesión, etc., son solo algunas de sus probables consecuencias de mediano plazo.

En cualquiera de estos tres escenarios, el actual orden global e internacional se modificaría radicalmente, haciéndose posibles tanto una vuelta desorganizada al período anterior –de hegemonía estadounidense-europea– como un empeoramiento generalizado de la situación sin que los mecanismos de gestión de conflictos y de toma de decisiones globales hayan alcanzado un grado de funcionamiento siquiera cercano al suficiente. En este terreno se plantea el dilema político esencial del siglo XXI: la superación de la contradicción intrínseca de una sociedad progresivamente global cuyos grandes problemas son gestionados nacional/internacionalmente.

El desafío del futuro: ¿contra el monarca o contra la monarquía?

La humanidad se enfrenta hoy, por lo tanto, a un extraordinario desafío: terminar con un sistema hegemónico sin pasar por la típica crisis derivada de la disputa por la sucesión monárquica. No se trata pues de acabar con la hegemonía del Estado más poderoso, cuya existencia corresponde a un sistema de naciones soberanas en permanente disputa por sus intereses, sino de superar un sistema internacional de características monárquicas reemplazándolo por otro globalmente democrático, con centro en la ONU y ramificaciones en un sistema financiero y de seguridad global profundamente reformados. La tentación de caer, como en 1913 y 1932, en el proteccionismo nacionalista, la incapacidad de Europa de elaborar unitaria y federalmente una estrategia anticrisis, la preocupante situación en Medio Oriente, el carácter autocrático de China y Rusia, la obsolescencia del sistema de Bretton Woods y muchas otras insuficiencias evidentes del orden mundial constituyen excelentes premisas para el caos. Al mismo tiempo, el fin de la saga militarista de los Bush, la globalización de valores democráticos y humanistas, el notable desarrollo de campañas por la reforma de la ONU y del sistema político mundial, y el surgimiento de mecanismos globales progresivamente ampliados constituyen una promesa de redención.

En un mundo global paulatinamente empequeñecido por la tecnología, no son suficientes la neutralidad, la tolerancia o el equilibrio, sino que se hace necesario pensar y actuar en términos de *participación, cooperación* e *integración*. Democracia y federalismo son los dos grandes valores para el mundo que viene. Hoy, la construcción de instituciones democrático-republicanas regionales y mundiales, y de un espacio público mundial de discusión y deliberación de las grandes cuestiones globales se ha transformado en una cuestión de supervivencia para todos los seres humanos.

No cambiar de rey, sino acabar con la monarquía: he aquí un programa para las fuerzas democráticas en el siglo XXI. Entre el infierno que podría configurar el traslado de la crisis financiera al ámbito militar y las posibilidades de resolución que abre la aplicación del paradigma democrático en la escala global se jugará en las próximas décadas buena parte de la suerte del mundo.

Las estrategias de inserción internacional de los países andinos y la integración regional

Alan Fairlie Reinoso

Introducción

Los países andinos han seguido diversas estrategias de desarrollo y de inserción internacional. A diferencia de la experiencia centroamericana, donde han logrado coexistir proyectos incluso antagónicos, en el caso andino llevó a una crisis significativa.

La suscripción de tratados de libre comercio (TLC) de Perú y Colombia con Estados Unidos y otros socios extrarregionales generó el retiro de Venezuela y denuncias de Bolivia ante el Tribunal Andino por violación a la normativa comunitaria. No fue posible una coexistencia armoniosa de acuerdos norte-sur con acuerdos sur-sur (Fairlie, 2010).

En cambio, la UNASUR está conformada tanto por países del ALBA como por los que suscriben TLC. Si bien los factores de cohesión son políticos o no económicos, hay resultados positivos que se pueden potenciar. Además, existen diferentes instrumentos económico-comerciales que podrían servir para una confluencia mayor. Es el caso de una zona de libre comercio, articulación productiva, integración fronteriza, mayor relación en los servicios, fomento de las inversiones intrarregionales, mecanismos financieros de integración (Fairlie, 2013).

Diversos autores e instituciones ponderan la importancia de nuevos foros (TPP, Alianza del Pacífico), cuyo dinamismo lo contrastan con el estancamiento o crisis de los acuerdos comerciales históricos sudamericanos. Asimismo, se resalta la relevancia de la relación con Asia, especialmente con países como China. Aquí hay coincidencias entre los países andinos, independientemente de sus diferentes opciones.

El limitado comercio intrarregional sigue constituyendo una debilidad estructural de la integración andina y latinoamericana, aunque sea intraindustrial y suponga una especialización diferente a la que cada país tiene en su inserción comercial global. También están creciendo las inversiones intrarregionales, lo que permite una mayor densidad en las relaciones económicas respecto a lo que han sido los vínculos tradicionales.

A pesar de las diferencias, el comercio de los países andinos con América del Sur es relevante, aunque no siempre la prioridad que tienen en las respectivas agendas externas. Se impulsan por parte de Colombia y Perú iniciativas como la Alianza del Pacífico, que ha mostrado gran dinamismo y tiene metas ambiciosas, como es el caso sobre todo del TPP. La cuestión es cómo se crean condiciones para que no generen nuevos conflictos con la integración regional y sudamericana.

Importancia de la CAN para los países andinos

Comercio

Según cifras de la CAN, en 2012, las exportaciones intracomunitarias se incrementaron el 13% con respecto al 2011, aumento que fue liderado por Bolivia (que creció a una tasa del 67%). Siguen Ecuador y Colombia, cuyas exportaciones intracomunitarias crecieron el 15 y el 9%, respectivamente. En el caso de Perú, sus ventas a la CAN disminuyeron el 0,1%. Sin embargo, Colombia representa el 36% de las exportaciones intracomunitarias; Ecuador, el 30%; Perú, el 25%; y Bolivia, el 11%. Otro punto a señalar es que los productos manufacturados concentran el 72% de las exportaciones intracomunitarias.

Perú hace el 5% del total de sus exportaciones a la CAN, según datos de MINCETUR (2012), que se ha convertido en el sexto destino de las exportaciones nacionales. En 2012 han crecido el 2% en relación con 2011. Las importaciones peruanas procedentes de la CAN representan el 10% del total de las importaciones.

El volumen de las exportaciones intracomunitarias en la CAN ascendió a un total de 10.472 millones de dólares en 2012. Perú, por su parte, obtuvo 2.348 millones del total, cifra que supera solo a Bolivia (1.194 millones). Con respecto al porcentaje del comercio total, la participación del mercado intracomunitario fue del 7,6% en 2012.

Como se señaló más arriba, las exportaciones intra-comunitarias en 2012 registraron una tasa de crecimiento promedio anual del 13%, la cual es 196 veces mayor teniendo en cuenta los datos del año 1969.

Existe una diferencia importante entre Perú y Colombia; en el primer caso, hay una disminución de la importancia relativa del acuerdo de integración andino, mientras que Colombia se mantiene como primer socio comercial de la CAN, a pesar del retiro de Venezuela y de seguir una estrategia similar a la peruana, de suscripción de TLC con socios extrarregionales. Ecuador tiene mayor protagonismo que en el pasado, y una gran dinámica bilateral ya no solo con Colombia sino también con Perú después de la suscripción de acuerdos de paz.

Inversiones

Respecto a las inversiones extranjeras directas (IED), la información por país de origen de inversiones que presentó la CAN (2011) indica que los países que más IED realizan son Estados Unidos, los de la Unión Europea, Panamá, Brasil y México. Representan en promedio, para el período

2001-2010, el 33% del total de las IED; mientras que para el año 2010 fue del 12 por ciento.

La IED intracomunitaria ha pasado de 29 millones de dólares en el año 2001 a su punto más alto en el año 2002, con 572 millones de dólares. En el año 2003, se registran solo 12 millones de dólares, y de ahí en adelante un crecimiento sostenido culminando la serie en 236 millones de dólares en el año 2010. La IED intracomunitaria ha crecido a una tasa promedio anual del 26% (cuadro 1).

Cuadro 1. Flujo de IED por país de origen en la Comunidad Andina, 2001-2010 (millones de dólares)

País	2001	2002	2003	2004	2005	2006	2007	2008	2009	2010
COMUNIDAD ANDINA	29	572	12	58	46	94	151	139	91	236
Bolivia	0	1	0	0	0	1	0	12	-8	0
Colombia	13	561	-4	31	8	69	101	40	29	121
Ecuador	5	1	5	14	12	4	0	13	2	16
Perú	11	8	10	13	27	21	51	74	69	100

Fuente: Bancos Centrales de los Países y Proinversión para Perú.
Elaboración: Secretaría General de la Comunidad Andina. Estadística.

Las IED en Colombia y Perú han crecido a una tasa promedio anual del 28% durante todo el período de estudio. La IED proveniente de Ecuador ha crecido a una tasa promedio anual del 15%; mientras que la proveniente de Bolivia ha sido muy pequeña. Bolivia es el país de origen del 0,02% del stock de IED en Perú, según datos de Proinversión hasta 2012. El 84,2% de las inversiones bolivianas han sido destinadas a la industria, donde se ha registrado una inversión de 4 millones de dólares (y en menor medida, al sector finanzas y comercio).

Colombia es el país de origen del 4,8% de stock de IED en Perú, según datos para 2012, y se encuentra entre los diez principales inversionistas. Los mayores flujos de inversión en el período 2002-2012 se dieron en 2002 y 2010.

Las principales inversiones se encuentran en el sector de industria (el 46,6%), con intereses en la empresa Unión de Cervecerías Peruanas Backus y Johnston SAA; en el sector de energía (el 38,2%), y en el sector petrolero (el 9,8%). A diferencia de los otros países analizados, también se ha invertido en el sector agrícola (1,9%).

El stock de IED ecuatoriana en Perú solo representa el 0,5% del total en el 2012. Estas inversiones se encuentran en el sector de la construcción (el 50,9%), en finanzas (el 35,7%), y en el sector industrial (el 10,7%), sobre todo. El mayor flujo de inversiones se dio en 2010.

Independientemente de los montos, el hecho cualitativo es el aumento de las inversiones intrarregionales, no solo andinas, sino principalmente de Chile y Brasil. Estas refuerzan los vínculos que antes estaban casi exclusivamente en el comercio de manufacturas y la articulación transfronteriza.

Por ejemplo, Brasil figura entre los principales inversores extranjeros en Perú. Está presente con más del 60% en el sector minero; también se ubica en sector industrial (el 18%), de servicios (el 8%), y petróleo y construcción. La presencia chilena es aún mayor, en montos y sectores.

Se podrían considerar medidas y normativas que promuevan estas inversiones, por lo menos dando condiciones similares a las otorgadas a socios extrarregionales con los tratados de libre comercio.

Comercio de la CAN

El MERCOSUR es el quinto socio comercial de la CAN. Representa el 7% de las exportaciones y el 11% de las importaciones andinas. Cabe señalar que los principales socios comerciales son Estados Unidos, la Unión Europea y China, los cuales concentran más del 50% del comercio con el bloque andino (cuadro 2).

Cuadro 2. Importancia relativa de los mercados de
destino/procedencia para el año 2012 a/
Millones de dólares

Mercados	Exportaciones FOB	Importancia Relativa	Importaciones CIF	Importancia Relativa
Estados Unidos	38.554	0,279794476	28.740	0,210355276
Unión Europea	19.330	0,14028187	17.940	0,130194348
China	11.837	0,085903595	22.209	0,161175378
Comunidad Andina	10.472	0,075997504	10.489	0,076120876
MERCOSUR	9.243	0,067078392	14.466	0,1049828
Chile	6.300	0,045720423	3.225	0,023404502
Suiza	5.984	0,043427145	863	0,006262972
Venezuela	5.114	0,037113372	1524	0,011059988
Japón	4.095	0,029718275	4.484	0,03254133
Canadá	3.941	0,028600665	2.199	0,015958605
Panamá	3.861	0,028020088	1.338	0,009710147
República de Corea	2.233	0,01620535	3.860	0,028012831
MCCA	1.933	0,014028187	421	0,003055285
ASEAN	1.568	0,011379305	3.194	0,023179529
India	1.527	0,01108176	2.446	0,017751136
Otros países	11.802	0,085649593	19.227	0,139534377
Mundo	137794	100%	136.626	100%

Según datos de la CAN (2012), el intercambio comercial
entre ambos bloques de integración regional se incrementó
el 28% respecto de 2010. De esta manera, se registraron
21.029 millones de dólares. Desde el año 2002, se puede
observar una tendencia creciente en el flujo comercial, a
excepción del año 2009, cuando el intercambio comercial
cayó por motivo de la crisis internacional. Si se suma el
comercio con Chile y Venezuela, América del Sur es el
segundo socio (cuadro 3).

Cuadro 3. Intercambio comercial de los países de la CAN con MERCOSUR (millones de dólares)

País	1999	2000	2001	2002	2003	2004	2005	2006	2007	2008	2009p
EXPORTACIONES FOB											
Comunidad Andina	**730**	**1.013**	**950**	**747**	**999**	**1.567**	**2.155**	**3.175**	**3.972**	**5.516**	**3.578**
Bolivia	198	292	380	368	567	865	1.304	2.004	2.246	3.500	2.141
Colombia	227	352	219	131	118	187	198	250	534	806	689
Ecuador	96	116	98	35	54	111	134	74	121	141	140
Perú	208	254	253	213	260	404	520	848	1.071	1.069	608
IMPORTACIONES CIF											
Comunidad Andina	**1.835**	**2.291**	**2.620**	**3.456**	**3.563**	**4.424**	**5.837**	**7.601**	**8.982**	**10.896**	**8.853**
Bolivia	535	612	593	723	653	805	933	1.054	1.346	1.696	1.435
Colombia	554	667	851	945	1.115	1.390	1.833	2.517	3.166	3.302	3.257
Ecuador	182	223	308	623	603	833	1.170	1.440	1.279	1.557	1.255
Perú	565	789	868	1.165	1.192	1.397	1.900	2.590	3.191	4.341	2.907
Intercambio Comercial											
Comunidad Andina	**2.565**	**3.305**	**3.570**	**4.203**	**4.562**	**5.991**	**7.992**	**10.777**	**12.954**	**16.412**	**12.432**
Bolivia	733	903	973	1.091	1.220	1.670	2.237	3.058	3.592	5.196	3.576
Colombia	781	1.019	1.070	1.075	1.234	1.577	2.031	2.767	3.700	4.108	3.946
Ecuador	278	340	405	658	656	944	1.304	1.514	1.400	1.698	1.395
Perú	773	1.043	1.121	1.378	1.453	1.801	2.420	3.438	4.262	5.410	3.515
Balanza Comercial FOB-CIF											
Comunidad Andina	**-1.105**	**-1.278**	**-1.670**	**-2.709**	**-2.565**	**-2.857**	**-3.681**	**-4.426**	**-5.010**	**-5.380**	**-5.275**
Bolivia	-337	-320	-213	-355	-86	60	371	951	900	1.805	706
Colombia	-327	-316	-632	-814	-997	-1.202	-1.636	-2.267	-2.632	-2.495	-2.568
Ecuador	-85	-107	-210	-588	-549	-722	-1.036	-1.367	-1.159	-1.417	-1.114
Perú	-357	-535	-615	-952	-932	-992	-1.381	-1.743	-2.119	-3.272	-2.299

p/ Cifras preliminares
FUENTE: COMUNIDAD ANDINA, Secretaría General, Sistema Integrado de Comercio Exterior. Decisión 511. SICEXT.
ELABORACION: COMUNIDAD ANDINA, Secretaría General, Oficina de Estadística

Respecto a la balanza comercial, ha sido deficitaria para el período 2002-2011. Solo Bolivia ha logrado mantener superávit a partir del año 2004 (gráfico 1).

Gráfico 3. Intercambio y saldo comercial
de la CAN con el MERCOSUR

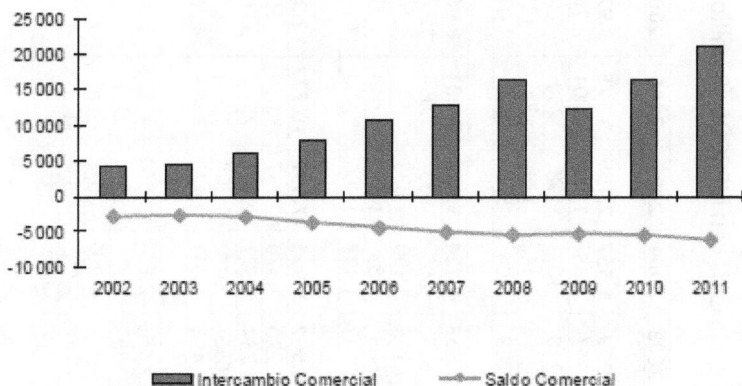

Fuente: CAN

Como se observa en el gráfico, en el año 2011 Bolivia fue el principal exportador andino al MERCOSUR. Las exportaciones de este país al MERCOSUR alcanzaron los 4.062 millones de dólares, monto que significó el 54% de las exportaciones andinas a dicho bloque. Luego siguen Colombia, Perú y finalmente Ecuador. En el caso de Perú, exportó un monto equivalente a 1.473 millones de dólares, que representó el 20% de las exportaciones andinas (gráfico 2).

Gráfico 4. Exportaciones de la CAN hacia
el MERCOSUR, 2011 (en %)

**EXPORTACIONES DE LOS PAÍSES DE
LA COMUNIDAD ANDINA CON
MERCOSUR 2007**

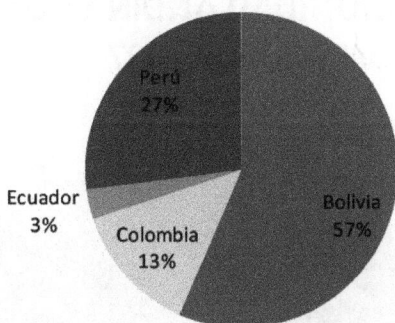

Perú
27%

Ecuador
3%

Colombia
13%

Bolivia
57%

Fuente: CAN

Entre los principales productos exportados, destacan
el gas natural, minerales como zinc, estaño y cobre, pes-
cado, etc.

Cabe señalar que las exportaciones de la Comunidad
Andina al MERCOSUR se han diversificado. Se exportaron
2.320 subpartidas Nandina durante el año 2011, las cuales
representaron el 33% del universo arancelario. Perú presentó el mayor grado de diversificación en los últimos diez
años, y también el que ha introducido la mayor cantidad
de rubros nuevos entre los años 2002 y 2011.

En relación con las importaciones de la CAN procedentes del MERCOSUR, Colombia y Perú son los que registran
los mayores niveles. En 2011, las compras de estos países

sumaron 4.754 y 4.817 millones de dólares, respectivamente (constituyen el 35% de las importaciones andinas desde el MERCOSUR para cada país) (gráfico 3).

Gráfico 5. Importaciones de la CAN
desde el MERCOSUR, 2011 (en %)

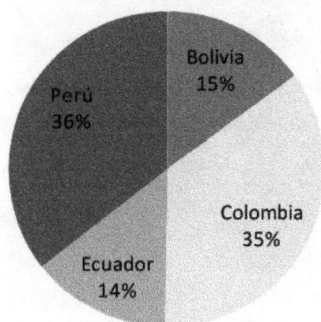

IMPORTACIONES DE LOS PAÍSES DE LA COMUNIDAD ANDINA CON MERCOSUR 2007

Bolivia 15%
Perú 36%
Colombia 35%
Ecuador 14%

Fuente: CAN

Los principales productos importados por la Comunidad Andina son petróleo y derivados, hierro, plomo, maíz y aceite de soja. Los flujos relevantes son el comercio sudamericano, independientemente de otros procesos impulsados por los socios andinos, como son la Alianza del Pacífico, TPP y ALBA.

Alianza del Pacífico

Los países miembros de la Alianza aproximadamente tienen una población de 207 millones de habitantes (casi el 35% de la población de América Latina y el Caribe). En 2011 se registró un PIB de 2,1 billones de dólares y un PBI per cápita cercano a los 13 mil dólares.

La exportaciones de este bloque comercial representaron el 55% del total de América Latina y el Caribe, lo cual superó en volumen al bloque del MERCOSUR. Cabe señalar que mucho de ello se debe a la apertura de estos países miembros hacia otros destinos, pues estos tienen TLC firmados con Estados Unidos y otros tratados con la Unión Europea, aunque las cifras son determinadas por México, que da el sesgo a las estadísticas también en América Latina (cuadros 4 y 5).

Cuadro 4. Principales indicadores económicos sociales de los miembros de la Alianza del Pacífico

	Chile	Colombia	Mexico	Perú	Fuente	Año
PIB (millones de USD)	$248.585				BM	2011
Población	17.402.600	46.608.000	112.336.580	30.135.875	BM	2011
PIB per cápita (miles de USD)	$14.394	$10.064	$7.067	$6.009	BM	2011
PIB per cápita PPP (Miles de USD)	$17.125	$10.103	$15.340	$10.318	BM	2011
Desempleo	6,40%	$0	5.5%	7,70%	BM	2010/12
Esperanza de vida	$78,60	$73	$76,20	$71,40	BM	2011
Índice de Desarrollo Humano	$0,81	$0,71	$0,77	$0,75	PNUD	2011
Bajo la línea de pobreza (USD 2 PPP)	2,70%	15,80%	52%	12,70%	BM	2011
Población bajo la línea nacional de pobreza	17%	64%	47%	53,10%	PNUD	2011
Exportaciones (millones de USD)	$86.130	$56.500,00	$336.000	$46.270	OMC/ CIA	2011
Importaciones (millones de USD)	$54.230	$36.260	$306.000	$25.740	OMC/ CIA	2010
Indice de Gini	$52,00	$56,00	$52,00	$48,00	BM	2009
Salario Mínimo (año/Int. USD PPP)	$5.484	$4.983	$1.753	$4.342	FMI	2010

Cuadro 5. Principales acuerdos suscritos por
miembros de la Alianza del Pacífico

	Chile	Mexico	Perú	EEUU	UE	China	APEC
Colombia	ACP 2009	TLC 2011	CAN 1969	APC 2012	Suscrito 2012	-	-
Chile		AA 1998 ACP 2008 DT 2000"	TLC 2004	AA 2003 ACP 2003 DT bilaterales	TLC 2006	TLC 2006	Ingreso 1994
Mexico			AIC 2012	TLC 1994	TLC 2000	-	Ingreso 1991
Perú				APC 2009	Suscrito 2012	TLC 2010	Ingreso 1998

Nota: TLC: Tratado de Libre Comercio; AA: Acuerdo de Asociación; DT:
Acuerdo de Doble Tributación; ACP: Acuerdo (o Capítulo) Contratación
Pública; AIC: Acuerdo de Integración Comercial; APC: Acuerdo de Pro-
moción Comercial; CAN: Comunidad Andina de Naciones
Fuente: Páginas web de los ministerios encargados de las negociaciones
comerciales de cada país (julio 2012).

La iniciativa para que se logre esta integración pone de
manifiesto los vínculos y las aperturas comerciales, lo cual
se suma a otros acuerdos ya firmados entre algunos de estos
países, como el Tratado de Libre Comercio de América del
Norte (TLCAN), el Foro Económico Asia Pacífico (APEC), la
Comunidad Andina de Naciones (CAN), el MERCOSUR, el
ALBA y la Unión de Naciones Sudamericanas (UNASUR),
entre otros.

De los países miembros, Perú es el primer destino
de las exportaciones de servicios chilenos, así como de
inversiones; tal es el caso de las tiendas por departamento
y distribución minorista. En Colombia ocurre algo similar;
a su vez Colombia maneja gran parte de la electricidad en
el territorio peruano. México tiene inversiones en todos los
países, sobre todo en telecomunicaciones.

Se plantean como objetivos para la Alianza del Pacífico
la libre movilidad de personas, de negocios y facilitación

para el tránsito migratorio, incluyendo la cooperación policial; comercio e integración, para la facilitación de comercio y cooperación aduanera; servicios, capitales, añadiendo la posibilidad de integrar las bolsas de valores y cooperación y mecanismos de solución de diferencias y crear grupos técnicos para cada una de estas áreas.

La estructura de mercado de las economías latinoamericanas (México, Colombia, Chile y Perú) muestra que hay oportunidades para incrementar el comercio entre los países miembros. Cabe señalar que México exporta la mayoría de los bienes (productos manufacturados de alto valor agregado) que los países andinos importan, tales son los casos de Perú y Chile; sin embargo, esto no sucede al revés. En el caso de Colombia, la composición de sus exportaciones ha cambiado en los últimos años, lo cual ha provocado que la complementariedad con los otros miembros del bloque disminuya (BBVA).

Se busca un mayor relacionamiento con Asia. Respecto a los flujos de importaciones con China, el 56,3% está dirigido al sector de maquinarias, mientras que solo el 3,5% se destina a la importación de instrumentos científicos y de control. Por otro lado, las exportaciones de este bloque comercial con el país asiático mantienen el predominio de los minerales y el petróleo. Se sostiene el patrón primario exportador aún como un gran bloque comercial (gráfico 4).

Gráfico 6

Alianza del Pacífico: Flujos de mercado con China. Importaciones, %

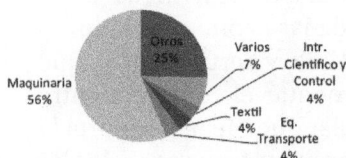

Alianza del Pacífico: Flujos de mercado con China. Exportaciones, %

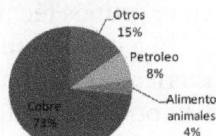

Las importaciones por parte de la Alianza hacia Japón continúan en el rubro maquinarias y equipo de transporte, que representa más de la mitad del total de las importaciones. El bloque regional también importó en este período el 3,1% de petróleo. Entre las demás exportaciones están los minerales como el cobre, con el 60,4% del total. Más de la mitad en exportaciones está concentrado en las materias primas y otros sectores primarios como la pesca. Sin embargo, hay un pequeño porcentaje de exportación de maquinarias (el 3,9%). El mismo patrón primario-exportador sucede con Corea del Sur, en este caso el 73,3% corresponde a las exportaciones de cobre (gráfico 5).

Gráfico 7

Alianza del Pacífico: Flujos de mercado con Japón. Importaciones, %

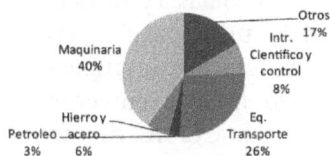

- Otros 17%
- Intr. Científico y control 8%
- Maquinaria 40%
- Hierro y acero 6%
- Petroleo 3%
- Eq. Transporte 26%

Alianza del Pacífico: Flujos de mercado con Japón. Exportaciones, %

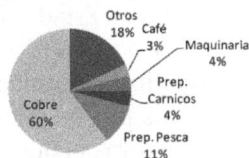

- Otros 18%
- Café 3%
- Maquinaria 4%
- Prep. Carnicos 4%
- Cobre 60%
- Prep. Pesca 11%

Los flujos de inversión extranjera directa desde Asia hacia la Alianza son mayores que de esta a los países asiáticos. Se puede notar que los flujos con Japón y Corea del Sur están dirigidos a la fabricación sobre todo de coches y aparatos electrónicos, mientras que China proyecta su interés en el sector minero y otros recursos naturales. Para 2011, casi el 45% del total de flujos de entrada de IED en América Latina corresponde a los países miembros de la Alianza.

Entre los avances que se han logrado, destaca la estrategia de movilidad estudiantil y académica que consiste en la implementación de pasantías en universidades adscritas entre los países miembros de la Alianza por períodos de seis meses. Esta es una iniciativa que no se había considerado en otros tratados como en el MERCOSUR, por ejemplo. Por otro lado, también considera la libre movilidad de personas para los países miembros.

La Alianza del Pacífico cada vez toma mayor representatividad e importancia, así como el Acuerdo de Asociación Transpacífica (TPP).

Acuerdo de Asociación Transpacífica

El Acuerdo de Asociación Transpacífico (TPP) es una iniciativa que tiene como miembros a Brunei Darussalam, Chile, Nueva Zelanda y Singapur, conjuntamente con Australia, Estados Unidos, Perú, Vietnam, Malasia y México.

Este acuerdo tiene como propósito principal el crecimiento económico, el desarrollo y la generación de empleo de los países miembros. Sin embargo, no es excluyente para otras economías de APEC. Según la CEPAL, es una herramienta para que los países latinoamericanos puedan acercarse institucionalmente al Asia Pacífico.

Estados Unidos tiene TLC con la mayoría de países miembros del TPP, ante lo cual muchos indican que solo quiere añadir consideraciones que no lograron conseguir en las respectivas negociaciones con sus contrapartes. De esta manera, Estados Unidos promueve nuevos términos que favorecen ampliamente a las empresas de medicamentos e interferirían con la estabilidad financiera (Burch, 2012).

Este acuerdo es importante en dos aspectos, como mínimo. En primer lugar, es el primer Tratado de Libre Comercio (TLC) tricontinental. Y en segundo lugar, relaciona a cuatro economías pequeñas y abiertas con bajos niveles de comercio entre sí. Algunos de los beneficios comerciales que se destacan son la consolidación de la facilitación del comercio y la cooperación económica entre los miembros de la APEC; así como la importancia del acceso al mercado de la ASEAN; y por último, el aprovechamiento del comercio con economías emergentes de Asia y la India (Asia Meridional) (Sandí, 2012)

Como parte de los temas discutidos con Estados Unidos, por primera vez se ha incluido en un Tratado de Libre Comercio (TLC) a las pymes, no solo ofreciendo ventajas de acceso a información y seguridad en el establecimiento de empresas, sino también dandoles un carácter inclusivo (Malamud, 2012)

Sin embargo, hay temas sensibles en el TPP respecto a derechos de propiedad intelectual, inversión y protección ambiental, acceso a mercados, entre otros. Con respecto a la propiedad intelectual, la posición sobre los derechos de autor implica mayores concesiones a lo que ya se había planteado antes en ciertos TLC. Se extiende el período de protección a un mínimo de 70 años luego de la muerte del autor, o a no menos de 95 años desde la primera publicación autorizada. En la ley estadounidense, los 70 años es el tope, mientras que el acuerdo TRIPS de la OMC fija ambos plazos en 50 años.

Países como Perú ya asumieron altos estándares en el Acuerdo sobre los Aspectos de los Derechos de Propiedad Intelectual relacionados con el comercio (APDIC) y los TLC que mantiene con Estados Unidos y la Unión Europea. Sin embargo, la presión por nuevas reglas de propiedad intelectual continúa (Sandí, 2012)

Con respecto al capítulo de inversiones, se propone nuevos derechos a los inversionistas foráneos que van significativamente más allá de los derechos otorgados a los propios ciudadanos y las empresas en la legislación nacional de varios países. Además, en el mismo capítulo se prevén nuevas medidas para que los inversores puedan limitar la capacidad de regulación de los Estados parte. Por otro lado, anuncia el recurso de poder cuestionar las leyes en un tribunal internacional de arbitraje y exigir una compensación si se decide que se afectan sus intereses (Burch, 2012).

En cuanto al tema de la regulación, la controversia gira en torno a los mandatos regulatorios y su idoneidad para establecer asuntos nacionales. Un claro ejemplo es lo que sucedió en el propio Estados Unidos, donde los escándalos respecto a la leche, la carne y otros productos contaminados condujo a la creación de la Food and Drug Administration y a toda una serie de leyes destinadas a promover alimentos limpios y puros, según la International Trade Union Confederation (ITUC-CSI, 2012).

A pesar de las críticas, el TPP constituye, por los países involucrados (y los que se sumarán), un proyecto bastante ambicioso, que ha tenido significativos avances en sus múltiples mesas de negociación. Se espera el cierre de varias mesas en la reunión de mayo en Lima y la Cumbre de APEC en octubre en Indonesia.

Los andinos en el ALBA

La Alianza Bolivariana para los Pueblos de Nuestra América (ALBA) es presentada como un esquema de integración que ha permitido potenciar las ventajas comparativas de sus miembros, ofreciendo nuevas opciones de complementariedad en materia energética, comercial, financiera, de cooperación para la salud y tecnología. Y esta iniciativa es un impulso para economías como las centroamericanas.

Pero es importante señalar que en el caso de Ecuador, a excepción de Venezuela, las relaciones comerciales con los otros países miembros son incipientes. Según las características de los países miembros, estos tienen una producción muy similar, lo cual no amplía las oportunidades de comercio entre ellos. Por ejemplo, Ecuador y Venezuela producen y exportan petróleo y productos agrícolas.

La apertura comercial de los países miembros tiene diferentes grados, siendo Venezuela el que tiene menor apertura relativa. Por otro lado, es el país que comercia mayores volúmenes con el resto del mundo. En relación con la estructura de las exportaciones, Venezuela, Ecuador y Bolivia son intensivos en la exportación de materias primas, tienen una estructura muy similar (cuadro 6).

Cuadro 6. Principales indicadores económico sociales de los miembros del ALBA (año 2011)

	Venezuela	Ecuador	Bolivia	Nicaragua	Cuba	Dominica	San Vicente y las Granadinas	Antigua y Barbuda
PBI (millones de dólares)	181.840,9	53.064,4	12.572,5	7.598,0	56.938,9	430,7	592,7	961,6
PBI per cápita (dólares)	6.165,8	3.612,7	1.239,0	1.289,1	5.040,3	6.364,8	5.419,9	10.730,5
Grado de apertura de la economía	49,6	65,9	82,5	83,2	-	88,2	-	105,6
Exportaciones (millones de dólares)	94.459,0	24.669,8	9.132,8	4.716,5	-	181,3	186,7	551,9
Part. productos primarios en Xs. (%)	95,5	92	95,5	95	-	-	-	-
Part. productos manufacturados en Xs. (%)	4,5	8	4,5	5	-	-	-	-
Importaciones (millones de dólares)	58.794,0	26.408,8	8.787,0	6.962,9	-	272,8	400,7	664,3
Esperanza de vida (años)	74,5	75,6	67	72,7	79,2	-	72,6	-
Tasa de desempleo	8,3	6	5,8	-	3,2			
Índice de GINI	0,397	0,46	0,508*	0,478*				

* Para el año 2009

Fuente: Anuario estadístico de la CEPAL (2012)

Elaboración propia

El secretario ejecutivo del ALBA, Rodolfo Sanz, señaló que hacia 2012, entre los beneficios que se han conseguido, se destaca la comercialización de petróleo por más de 12 mil millones de dólares a través del mecanismo de Petrocaribe en los últimos ocho años, además de las transacciones comerciales a través del Sistema Único de Compensación Regional (SUCRE), con cerca de 2.135 operaciones de intercambio por unos 700 millones de dólares.

Según fuentes del ALBA, aunque las cifras no están actualizadas, el comercio entre sus miembros ha aumentado la producción agrícola de Cuba y Nicaragua. Los principales productos que se comercializan dentro del bloque son combustibles lubricantes, minerales y productos alimenticios.

Según los datos del gobierno boliviano, en 2011 el comercio con MERCOSUR fue casi cuatro veces mayor que con los países del ALBA. También destacan que en los últimos siete años los mercados regionales que mejor evolucionaron en valor de exportaciones fueron ALADI, MERCOSUR y CAN (Informe de Gestión, 2012).

Asimismo, del total de exportaciones de Bolivia al ALBA, del 95 al 97% se dirige a Venezuela, que en los últimos años redujo su demanda debido a los problemas de monopolio de Estado y el control de divisas. Entre los sectores que más crecieron están las exportaciones de textiles.

En 2012, Bolivia le exportó a Venezuela el 2,17% de sus exportaciones totales y Bolivia importó el 5,46% de Venezuela, que se ha convertido en el décimo destino de las exportaciones bolivianas. En el caso de Ecuador, no aparece entre sus principales socios comerciales. En 2011, también Bolivia tuvo déficit comercial con Venezuela. Entre los principales productos que Bolivia exporta a Venezuela se encuentran la soja, el aceite de soja, las camisetas de algodón, telas y fieltros, y el aceite de girasol; mientras que los principales productos importados por Bolivia son diesel, productos laminados planos de hierro o acero, gas licuado de petróleo, gasolina sin tetra etilo de plomo para vehículos y tractores.

En el caso de Ecuador, Venezuela es el tercer destino de sus exportaciones no petroleras, ya que absorbió el 9,04% del total de sus exportaciones en 2012. Cabe resaltar que el saldo comercial no petrolero ecuatoriano es positivo respecto a Venezuela. Pero es negativo en 2012 en relación con el comercio con Bolivia (Pro Ecuador, 2012).

Según datos estadísticos del ALBA y el Instituto Nacional de Estadística de Venezuela, el intercambio comercial de los países del ALBA con Venezuela es superado por el MERCOSUR. Desde 2004, entre los ocho países miembros ha habido un intercambio comercial de alrededor de 22 mil millones de dólares, y se ha observado un aumento de 5,6 veces del intercambio comercial entre Venezuela y los países miembros, ya que de un promedio de 706 millones de dólares entre 1996 y 2003 pasó a 3.967 millones de dólares en el período 2004-2008.

El incremento del precio de los hidrocarburos y derivados provocó un fuerte aumento de las exportaciones petroleras venezolanas desde el año 2004 a los países miembros del ALBA. En general, según el reporte del INE colgado en el portal del ALBA, en los últimos años las compras venezolanas a los países miembros, como Ecuador, Cuba, Nicaragua y Bolivia, han crecido a partir de la existencia del bloque, al igual que las importaciones venezolanas desde países del ALBA.

Si bien hay dinamismo en la relación de los andinos con el ALBA, siguen siendo prioritarios los vínculos comerciales y económicos con la CAN y el MERCOSUR. Sí existen nuevos mecanismos financieros y de cooperación que habría que estudiar más profundamente, así como su sostenibilidad.

Balance

Los países andinos impulsan diferentes estrategias de desarrollo y de inserción internacional, con concepciones y esquemas institucionales diferentes. De un lado, iniciativas como la Alianza del Pacífico y TPP; y de otro, propuestas como ALBA. Se producen dinámicas diferenciadas que son mayores en las recientes propuestas que la producida en el acuerdo andino original. Sin embargo, tanto la CAN como el MERCOSUR siguen representando una importancia cualitativa significativa en términos de comercio e inversión respecto a propuestas extrarregionales.

No está claro si las nuevas iniciativas crearán tensiones y/o crisis en la integración regional, como en el pasado. Sin duda el TPP es más ambicioso que la Alianza del Pacífico, aunque pueda tener diferente prioridad para los países andinos involucrados. Hay avances sustanciales y se tiene que ver cómo será un eventual proceso de implementación considerando no solo los acuerdos regionales, sino también los TLC que algunos andinos han suscrito con socios extrarregionales.

En ALBA hay mecanismos novedosos financieros y de cooperación que podrían aplicarse en otros países sudamericanos, pero hay que evaluar sobre todo la sostenibilidad en función de los recursos que se requieren, que dependerá de los cambios políticos que operen en los países protagonistas.

Independientemente del desenlace de los diferentes escenarios posibles, la UNASUR es un espacio de confluencia que podría incluir también aspectos económico-comerciales que potencien la integración sudamericana (Fairlie, 2013).

Bibliografía

Alianza Bolivariana para los Pueblos de Nuestra América. Disponible en línea: http://www.alba-tcp.org/content/alba-tcp

Banco del Alba (en línea). Disponible en línea: http://www.bancodelalba.org/intercambio-comercial-de-venezuela-con-alba-supera-los-us-22-mil-millones.html (consultado el 25 de abril de 2011).

BBC Mundo (en línea), "Ecuador entra al ALBA". Disponible en línea: http://www.bbc.co.uk/mundo/economia/2009/06/090624_1041_ecuador_entra_alba_mr.shtml (consultado el 24 de junio de 2009).

Burch, Sally (2012), "El TPP: un proyecto neoliberal a ultranza", en *ALAI, América Latina en Movimiento,* núm. 478.

CEPAL (2012), *Anuario Estadístico de América Latina y el Caribe.*

Comunidad Andina-CAN (2013), *Cartilla Comercio Exterior. Exportaciones Intra y Extra Comunitarias del Año 2012.*

Comunidad Andina-CAN (2012), *El Comercio Exterior de Bienes entre la Comunidad Andina con MERCOSUR 2002-2011.*

Comunidad Andina-CAN (2012), *Comercio Exterior en la Comunidad Andina 2012.*

Comunidad Andina-CAN (2011), *Flujo de la inversión extranjera directa en la Comunidad Andina 2001-2010.*

Diario Opciones (en línea), "Reconocen importancia del ALBA para América Latina", 18 de diciembre de 2012. Disponible en línea: http://www.opciones.cu/cuba/2012-12-18/reconocen-importancia-del-alba-para-america-latina.

Electronic Frontier Foundation (en línea), "Prominent Academics Respond to the TPP". Disponible en línea: https://www.eff.org/deeplinks/2012/08/prominent-academics-respond-tpp (consultado el 30 de agosto de 2012).

Fairlie, Alan (2013), "Integración y convergencia en UNASUR", working paper núm. 148, febrero de 2013, Red Latn.

Fairlie, Alan (2010), "Acuerdos norte-sur de los países andinos", en *Integración regional en América Latina: desafíos y oportunidades,* Nueva York y Ginebra, UNCTAD.

Instituto Bolivariano de Comercio Exterior-IBCE (2013), *Comercio Exterior de Bolivia 2012.*

Instituto Bolivariano de Comercio Exterior-IBCE (2012), *Comercio Exterior Bolivia-Venezuela.*

International Trade Union Confederation (2012), "Acuerdo transpacífico de asociación económica: coherencia regulatoria". Disponible en línea: http://www.ituc-csi. org/acuerdo-transpacifico-de,11713?lang=es

International Center for Trade and Sustainable Development-ICTSD (en línea), "El Acuerdo Estratégico Transpacífico de Asociación Económica: una perspectiva latinoamericana". Disponible en línea: http://ictsd.org/i/news/puentes/111475 (agosto de 2011).

La Razón (en línea), "Bolivia exporta 11 veces más a países del Mercosur que al Alba", 28 de enero de 2013. Disponible en línea: http://www.la-razon.com/economia/Bolivia-exporta-paises-Mercosur-Alba_0_1769223078.html

La República (en línea), "Pymes tendrán regulación especial en Acuerdo de Asociación Transpacífico", 3 de julio de 2012. Disponible en línea: http://www.larepublica. pe/03-07-2012/pymes-tendran-regulacion-especial-en-acuerdo-de-asociacion-transpacifico.

La República (en línea), "Mayor análisis en Acuerdo Transpacífico", 6 de abril de 2010. Dsiponible en línea :http://www.larepublica.pe/06-04-2010/mayor-analisis-en-acuerdo-transpacifico.

Malamud, Carlos (2012), *La Alianza del Pacífico: un revulsivo para la integración regional en América Latina,* Madrid, Real Instituto Elcano.

MINCETUR (2013), *Reporte de Comercio Bilateral Perú-Argentina, diciembre de 2012.*

MINCETUR (2012), *Reporte de Comercio Bilateral Perú-Bolivia, diciembre de 2012.*

MINCETUR (2012), *Reporte de Comercio Bilateral Perú-Brasil, diciembre de 2012.*

MINCETUR (2012), *Reporte de Comercio Bilateral Perú-Colombia, diciembre de 2012.*

MINCETUR (2012), *Reporte de Comercio Bilateral Perú-Ecuador, diciembre de 2012.*

MINCETUR (2012), *Reporte de Comercio Bilateral Perú-Uruguay, diciembre de 2012.*

MINCETUR (2012), *Reporte de Comercio Bilateral Perú-Paraguay, diciembre de 2012.*

Nación Red (en línea), "El Acuerdo de Asociación Transpacífico, una nueva amenaza a la libertad en la red". Disponible en línea: http://www.nacionred.com/lobbies-pi/el-acuerdo-de-asociacion-transpacifico-una-nueva-amenaza-a-la-libertad-en-la-red (27 de noviembre de 2012).

Observatorio Económico EAGLE. BBVA (2012), *Análisis Económico, el nuevo bloque de la Alianza del Pacífico: México y los países Andinos miran hacia Asia.*

Embajada del Ecuador en la República Popular de China (en línea), "EL ALBA Alianza Bolivariana para los Pueblos de Nuestra América". Disponible en línea: http://www.ecuadorenchina.org.ec (23 de marzo de 2013).

Pro Ecuador (2012), *Boletín de Comercio Exterior,* Ministerio de Relaciones Exteriores, Comercio e Integración.

PUBLIC CITIZEN (2011), "Riesgos que plantea la Asociación Transpacífico para el Acceso a Medicamentos". Disponible en línea: http://www.redge.org.pe/sites/default/files/Riesgos%20que%20plantea%20el%20Acuerdo%20de%20Asociación%20Transpacífico%20Medicamentos.pdf.

Sandí Meza, Vinicio (2012), "La importancia de la región asiática en el Acuerdo de Asociación Transpacífica (TPP)", en *Puentes. Análisis y Noticias sobre Comercio y Desarrollo Sostenible,* vol. 13, núm. 5, pp. 4-9, setiembre de 2012.

Truth-Out Organization (en línea), "Why So Secretive? The Trans-Pacific Partnership as Global Coup". Disponible en línean: http://truth-out.org/news/item/12934-why-so-secretive?-the-trans-pacific-partnership-as-global-coup (25 de noviembre de 2012).

United States Trade Developments 2011-2012 (2012), United Nations Economic Commission for Latin America and the Caribbean ECLAC WASHINGTON Office.

Notas sobre financiamiento de la protección social en América Latina y su impacto distributivo

Oscar Cetrángolo

Introducción

Es sabido que América Latina es la región más desigual del planeta y también es una de las zonas con mayores dificultades para financiar las necesarias políticas redistributivas mediante el cobro de impuestos. Las diferencias son claras en relación con cualquier otra región del mundo, pero mucho más evidentes cuando nos comparamos con Europa. Allí, al tratarse de economías con alto desarrollo económico y social, los elevados niveles de producto por habitante indican la posibilidad de niveles más elevados de bienestar; la presión tributaria ejercida por los gobiernos de Europa se ubica en torno al 41% del producto, en tanto que, en promedio, los países latinoamericanos apenas logran captar una carga tributaria apenas superior al 20% del PBI; el mayor peso y calidad de las políticas públicas, entonces, permite lograr los mejores indicadores de equidad y, adicionalmente, un mayor desarrollo de prácticas democráticas. El gráfico 1 ilustra las diferencias en estos indicadores entre América Latina y los 15 países más desarrollados de Europa. En el interior de la región se observan situaciones disímiles que quedan ocultas en el promedio. Baste notar que América Latina ofrece una dispersión más grande que Europa tanto entre países como hacia el interior de cada uno de ellos, como será mostrado más adelante.

Estas notas tienen por objeto presentar los principales desafíos que, desde el punto de vista del financiamiento de las políticas de protección social, tienen los países latinoamericanos para alcanzar la cobertura universal y equitativa de prestaciones sociales. De esta manera se espera lograr sociedades con mayor grado de cohesión y fortalecer los procesos democráticos. Se resumen los argumentos presentados en los Encuentros de Legisladores Latinoamericanos que organizó FLACSO bajo el título de "Globalización, Políticas Públicas y Cohesión Social", que se desarrollaron durante el año 2011 en las ciudades de Montevideo y Cartagena de Indias.

Gráfico 1. Comparativo entre América Latina y Europa

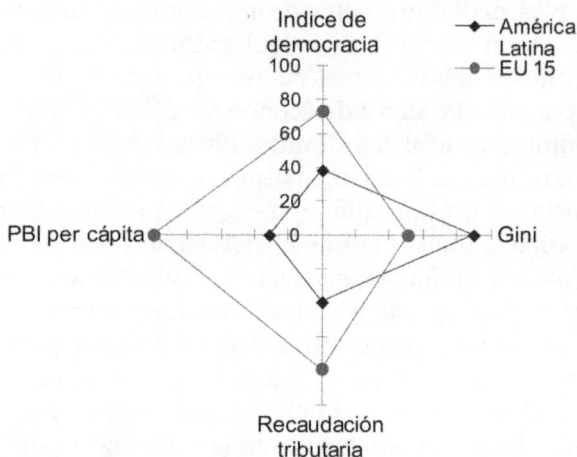

Fuente: Elaboración propia en base a datos de *Freedom house*, CEPALSTAT y OCDE
Notas: los indicadores estan expresados en índices base 100 para el valor más alto de cada uno de ellos.
El índice de democracia que muestra el gráfico es el elaborado por la organización Freedom House, que resume los puntajes promedio que reciben los países sobre la base de la evaluación de expertos acerca de 10 ítems para derechos políticos y 15 ítems de libertades civiles.

Seguridad social contributiva vs.
derechos a cobertura universal

Las mejores condiciones generales de la economía, que se han observado durante la última década, han derivado en una situación más holgada en el plano fiscal, permitiendo un crecimiento en el gasto público con funciones redistributivas. Durante los últimos años de crecimiento del gasto público, la prioridad social dentro del total también se está incrementando, siendo los rubros más dinámicos los destinados al pago de pensiones y asistencia social.

En muchos países de América Latina, la emergencia de una importante crisis de los sistemas de pensiones ha obligado a destinar cada vez más recursos al pago de jubilados y pensionados. Adicionalmente, el gasto social contributivo (la "vieja seguridad social") dejó de cubrir las expectativas que tenían nuestras sociedades en materia de cobertura. Las crecientes dificultades provenientes del mercado de trabajo y, en especial, la gran informalidad de nuestras economías han arrojado por la borda las esperanzas de lograr un esquema de protección social amplio y suficiente de base contributiva. En consecuencia, ha sido cada vez más importante la necesidad de destinar recursos de rentas de generales (básicamente impuestos), a cubrir la brecha que estaba dejando el sistema de seguridad social tradicional. Precisamente aquí quiero hacer hincapié sobre el diferente impacto distributivo que tiene su origen en las modalidades de articulación (o ausencia de ellas) entre los beneficios contributivos y no contributivos de las diferentes finalidades del gasto social.

¿Cuál es el problema que tienen nuestros viejos programas sociales de tipo contributivo? Básicamente, se trata de las dificultades en lograr beneficios para la totalidad de la población. Además del desempleo, debe considerarse la gran informalidad de nuestras economías. Informalidad que está en el eje de los problemas de los sistemas de seguridad social, ya que determina la insuficiencia de los sistemas basados en el aporte de los trabajadores, por un lado, y las dificultades para cobrar impuestos que financien sistemas financiados con recursos de rentas generales, por el otro.

Como rasgo general, los países de América Latina ofrecen una baja e inadecuada protección a segmentos significativos de la población. A pesar del crecimiento del empleo formal, la persistencia del mercado laboral informal sigue siendo una característica de estos países, cuya contratara –como se ha visto– es la dificultad para aumentar la presión tributaria. Es así que la informalidad ha derivado en una mayor necesidad de protección social no contributiva que debe financiarse con tributos que no se cobran, entre otras razones, por la propia informalidad. A su vez, el grado de formalidad de cada mercado de trabajo en la región guarda una estrecha relación con el nivel de desarrollo económico.

En un extremo, los sistemas de pensiones tradicionales financiados con cargas sobre los salarios (sean de beneficio o contribuciones definidas, sean de reparto o capitalización individual) siguen una lógica contributiva donde el derecho a percibir los beneficios del sistema dependen de su propio aporte. En este caso, se hace cada vez más evidente la necesidad de incorporar un pilar de beneficios no contributivo que asegure beneficios básicos a todos los adultos mayores con independencia de su trayectoria laboral. El debate y la reforma del sistema de pensiones en Chile es un claro ejemplo de ello.

En el otro extremo, también hay creciente consenso, al menos en América Latina, acerca de la necesidad de asegurar ingresos y acceso a servicios básicos a todos los hogares. Dependiendo del caso donde se han instrumentados los nuevos programas de transferencias, los beneficiarios deben cumplir con determinadas condicionalidades, en especial en relación con controles de atención primaria de salud y concurrencia a las escuelas por parte de los menores. En este caso, los programas Oportunidades (México), Bolsa Escola (Brasil) o Familias en Acción (Colombia) son algunos de los ejemplos relevantes en la región.

Sin duda, el caso más complejo dentro de los componentes de la protección social es el de la provisión de servicios de atención de la salud. En este caso, pese al avance pasado de esquemas contributivos, no existen razones que permitan argumentar a favor de beneficios diferenciales para los trabajadores formales. No obstante, existen restricciones financieras y político-institucionales que dificultan el avance hacia sistemas más equitativos. Es por ello que los procesos de reforma de los sistemas de salud son mucho más complejos tanto en su diseño como en su instrumentación. Por esa razón he decidido aquí ejemplificar con este sector los mayores problemas que enfrentan las reformas de la protección social en América Latina.

Financiamiento y fragmentación de derechos en la provisión pública de servicios de salud

Cuando se analizan las dificultades en mejorar la equidad distributiva de las sociedades de América Latina y en construir sistemas de salud que aseguren la igualdad de derechos, aparece una multiplicidad de problemas de diversa índole. En esta oportunidad nos vamos a concentrar en tres marcadas deficiencias que definen importantes desafíos en el financiamiento de las políticas públicas. Se trata de

· resolver la fragmentación de derechos proveniente de la organización dual derivada de la confluencia de financiamiento contributivo y de rentas generales;

· la necesidad de incrementar la carga tributaria como condición necesaria para las reformas, y

· atacar la fragmentación de derechos proveniente de los procesos de descentralización y organización territorial de la provisión y su financiamiento.

En primer lugar, vamos a considerar los problemas de equidad que se generan a partir de la existencia de políticas públicas basadas en esquemas duales de financiamiento, propios de los sistemas de salud. Los otros dos desafíos son, en mayor o menor medida, comunes a varias áreas de la intervención pública.

La dualidad en el financiamiento de la salud determina que existan derechos diferentes entre los que aportan parte de su salario y aquellos que no aportan y recurren a sistemas financiados con impuestos de rentas generales. Teniendo en cuenta que los impuestos son pagados tanto por los que contribuyen como los que no, existe un problema de equidad resuelto en algunos países de Europa, al eliminar las contribuciones y basando los sistemas exclusivamente en financiamiento con impuestos de rentas generales.

Un caso a considerar es el de España. Allí, mediante un proceso paulatino y muy planificado, se demoró cerca de una década en resignar el financiamiento para la salud proveniente de cargas sobre la nómina salarial. Adicionalmente, debe tenerse en cuenta que se trata de una economía con una presión tributaria que ronda el 40% del producto, bien lejos de los casos del promedio de la región. Hay muy pocos países de la región que se acercan al patrón tributario europeo. De hecho, Brasil es el caso más cercano al respecto y, asimismo, es el único país que siguió un camino similar de reforma, con posterioridad a la reforma constitucional de 1988.

En América Latina ha predominado el desarrollo de sistemas híbridos que, por lo general, han tenido grandes dificultades en alcanzar cobertura universal de servicios de salud de calidad. La provisión de servicios de atención

de la salud está a cargo de una variada gama de instituciones y mecanismos para el financiamiento, la regulación
y la provisión, en el que conviven un subsector público
(esencialmente financiado con impuestos generales), la
seguridad social (financiada con contribuciones sobre la
nómina salarial) y el subsector privado (organizado a partir
de seguros privados o pagos directos de bolsillo). La forma
en que se coordinan y articulan (o dejan de hacerlo) estos
tres subsectores da origen a distintas modalidades de funcionamiento de los sistemas de salud. En consecuencia, y
siendo cuidadoso en el uso de los términos, no se podría
hablar de un "sistema de salud", dada la ausencia de coordinación entre las partes que conforman su organización.
Más allá de la precisión semántica, es claro que la falta de
coordinación y articulación atenta contra el uso eficiente
de recursos y el logro de niveles aceptables de equidad.

Sabiendo que la estructura de financiamiento del
sistema de salud no es neutra desde la perspectiva de la
equidad, la existencia de una doble institucionalidad asociada a la provisión pública y la seguridad social ha tenido
efectos negativos sobre el financiamiento y la prestación
de los servicios. Además de promover la duplicación de
funciones y el desperdicio de recursos, se generan sistemas
de salud diferenciados entre distintos estratos sociales. A
su vez, las dificultades para regular al subsector privado
de salud, que en el caso de la región representa una proporción significativa del gasto total, ha sido un factor que
agrava el uso poco eficiente de los recursos que la sociedad
destina al sector salud.

En efecto, las debilidades que presentan la cobertura,
el acceso y la calidad de los dos segmentos organizados
desde las políticas públicas (sector público y seguridad
social) ha derivado en un importante gasto directo de las
familias. El mayor peso del financiamiento de bolsillo estará
acompañado de una menor redistribución y una mayor

inequidad, ya que solo aquellos hogares que dispongan de recursos financieros podrán afrontar los gastos necesarios. En cambio, mientras más importante sea el subsistema público, mayor será la redistribución implícita en el funcionamiento del sistema de salud y más homogénea será la cobertura. A su vez, cuanto más desarrollada esté la seguridad social en la provisión y el financiamiento de la salud, dependiendo del grado de articulación entre la seguridad social y la provisión pública, podría ser mayor la brecha de cobertura entre los trabajadores formales y el resto de la población que solo tenga acceso al subsector público.

Más allá del citado caso de Brasil, los países del Caribe de tradición sajona y Cuba, predominan en la región los sistemas en donde hay una cobertura universal establecida por la legislación propia de cada país y garantizada (en la medida en que los recursos sean más o menos suficientes) por el sector público. Más allá de ese "piso" universal, se constituyen tres tipos de población con diferentes derechos y cobertura sanitaria. El segmento más rico de la población obtiene el nivel de cobertura que puede pagar con sus propios recursos; los trabajadores que se desempeñan en el mercado de trabajo formal tienen acceso a una cobertura proveniente de los esquemas de seguridad social y, por último, la población de menores recursos tiene acceso solo a la salud pública tradicional.

Entre los casos en donde se ha tratado de integrar las dos formas de financiamiento compulsivo, se pueden distinguir, a su vez, tres modalidades de integración. En primer lugar, se debe contar el caso tradicional de Costa Rica, en donde la integración de las fuentes de financiamiento se hizo conservando un nivel único de cobertura, por lo cual sería el tipo de integración más equitativo. La segunda modalidad se presenta cuando la integración se realiza aceptando, al menos inicialmente, niveles de cobertura diferenciada, dependiendo del tipo de financiamiento, pero presentando un período de transición hasta alcanzar en el largo plazo una equiparación de coberturas. Ese período de transición será más largo o corto dependiendo, en especial, de los recursos financieros disponibles. Los casos de Colombia y Uruguay son ejemplos de reformas que han encarado esa transición. En tercer lugar, un caso especial es ofrecido por la experiencia chilena, en donde la integración es parcial, ya que son los afiliados los que deciden participar del sistema público integrado (FONASA) o permanecer en el sistema privado (ISAPRES). Teniendo en cuenta que esa elección dependerá, de manera sustantiva, del nivel de ingresos de cada beneficiario, se considera un sistema dual no convergente.[1]

Por último, hay muchos casos donde el camino de reformas no es tan claro o no contempla la integración de subsectores. En Argentina, en cambio, se han presentado reformas que han aumentado la dispersión de coberturas y el último intento (fallido) de integración data de la década de 1980.

Necesidad de mayor financiamiento: la necesaria reforma tributaria

Los intentos por construir sistemas públicos de cobertura universal y homogénea chocan, en América Latina, con los obstáculos provenientes de una baja presión tributaria. En sociedades que muestran tanta desigualdad, como las de los países de América Latina, existe un debate acerca de si la desigualdad es la causa de las dificultades en recaudar impuestos o es la consecuencia de la escasez

---

[1]   Véase CEPAL (2006), *La protección social de cara al futuro: acceso, financiamiento y solidaridad,* trigésimo primer período de sesiones, Montevideo.

de financiamiento para mejorar la equidad. Lo cierto es que tenemos los dos problemas simultáneamente y esto es uno de los principales desafíos que, como círculo vicioso, deben enfrentar los países de la región.

Si nos comparamos con la región que presenta los mejores indicadores de recaudación tributaria y equidad, Europa, la región del círculo virtuoso, además de las diferencias de nivel de recaudación (Europa tiene una carga tributaria que duplica la de América Latina) existen importantes diferencias en la composición de esa carga. De especial importancia para estas notas, se observa una significativa diferencia en las cargas sobre el salario, derivada, principalmente, de las diferencias en los desarrollos de los propios sistemas de seguridad social. Más allá de ello, la mayor dificultad de los sistemas tributarios de América Latina está concentrada en los tributos que, precisamente, tienen un mayor impacto distributivo. Los países de América Latina tienen muy pocos recursos tributarios provenientes de los impuestos sobre la propiedad y recaudan montos insignificantes de impuestos sobre las rentas de las personas físicas, en comparación con Europa. En la Unión Europea, la recaudación del impuesto a las rentas de las empresas es algo superior al 3% del producto y se obtiene el 10% del PIB adicional del correspondiente a las personas jurídicas, alcanzando una recaudación total del impuesto a la renta de más de 13 puntos del producto. En América Latina, por su parte, la recaudación del impuesto a sociedades es algo menor 2,8 (no estamos tan lejos de Europa), pero el correspondiente a las personas físicas no alcanza, en promedio, el 2% del producto. Aquí se encuentra la parte sustantiva de la brecha entre las dos regiones.

En consecuencia, puede decirse que en la mayor parte de los países latinoamericanos hay espacio para conseguir una mayor cantidad de fondos para el financiamiento de las políticas públicas requeridas, y es posible mejorar el impacto distributivo y la eficiencia asignativa de la tributación.[2]

El insuficiente nivel de la carga tributaria de la mayoría de los países atenta, seguramente, contra la capacidad de los Estados para cumplir sus obligaciones en un momento donde la atención de necesidades sociales no puede esperar. Teniendo en cuenta el pobre desempeño de la imposición a la renta y la correspondiente a la seguridad social, la estructura tributaria queda sustentada, principalmente, sobre impuestos indirectos de carácter regresivo.

En el caso de las cargas a la seguridad social, y más allá del grado de participación de los sectores privados en los sistemas de cada país, la existencia de amplios sectores de la población que no realizan aportes sobre la nómina salarial aparece como la contracara de la baja cobertura de los sistemas de protección social tradicional, por lo que este punto deberá ser considerado de manera conjunta con los desarrollos de la protección social.

Como dije antes, un tema de suma relevancia al respecto se relaciona con la elevada informalidad de nuestras economías. En materia de políticas sociales, debemos discutir cómo hacer para cubrir a los no formales, pero, simultáneamente, se trata de economías donde la informalidad hace que no podamos cobrar la magnitud de los tributos que se requieren. Es un círculo vicioso que tienen que romper los países de la región. Las estimaciones de evasión al impuesto al valor agregado rondan alrededor del 30%, y en el impuesto a la renta arrojan niveles más elevados que en el IVA, alrededor del 50 por ciento.[3]

---

[2]   Véase Cetrángolo y Gómez Sabaini (2007), "Hacia una mayor equidad en el financiamiento de las políticas públicas", en Durán y Machinea (coord.), "Cohesión social en Iberoamérica. Algunas asignaturas pendientes", *Pensamiento Iberoamericano,* núm. 1, 2ª época, Madrid.

[3]   Véase Cetrángolo, O. y Gómez Sabaini, J. C. (2007), *La tributación directa en América Latina y los desafíos a la imposición sobre la renta,* Santiago de Chile, CEPAL, Serie Macroeconomía del Desarrollo.

En el gráfico 2 se relaciona información de informalidad de la economía, recaudación tributaria y cobertura de seguros de salud. Allí puede observarse que la cobertura de seguros de salud de los países de América Latina es cada vez más alta cuanto más baja sea la participación del sector informal de la economía. Adicionalmente, como era de esperar, esa cobertura sigue, en términos generales, la tendencia observada en la presión tributaria. No obstante, debe señalarse que existe un grupo de países que obtiene un monto significativo de ingresos no tributarios que son una fuente importante de financiamiento. Estos provienen de diferentes fuentes, ya sea de los ingresos que genera la exportación de cobre (Chile), de petróleo (Ecuador, México y Venezuela), de gas natural (Bolivia), o aquellos provenientes de la explotación de recursos estratégicos como la hidroelectricidad (Paraguay) y el control del canal interoceánico (Panamá). En algunos casos estos recursos llegan a representar más del 10% del PIB. Brasil y Argentina, que no cuentan con esos recursos no tributarios, son los únicos casos que tienen la presión tributaria superior al 30%, que aún sigue siendo inferior a lo que se considera necesario para la cantidad de servicios que se deben cubrir.

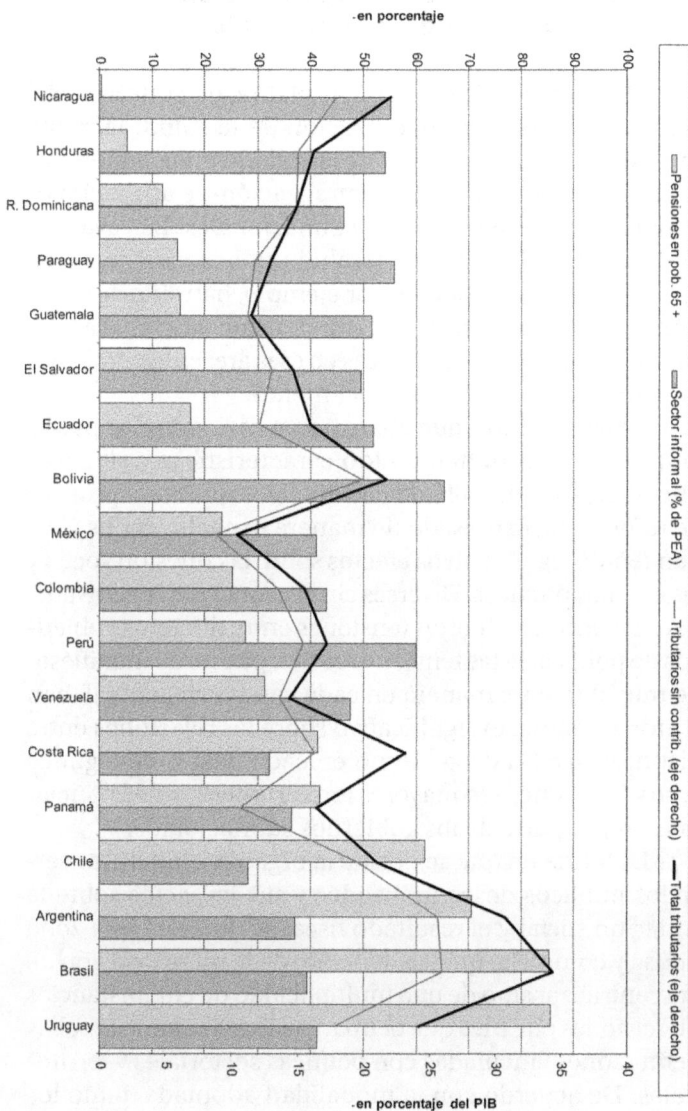

Gráfico 2. Cobertura de seguros de salud, informalidad y presión tributaria en América Latina

Descentralización fiscal y fragmentación de derechos por disparidades territoriales

El tercer desafío que aquí he planteado es de especial significación para la organización de la salud. Durante los últimos 25 años, se han desarrollado en la región importantes procesos de descentralización de atribuciones y funciones hacia gobiernos subnacionales. Los avances en áreas como educación y salud públicas, así como en provisión de agua potable, por ejemplo, han sido de suma importancia e incorporan una dimensión adicional a la ya compleja definición de políticas en esas áreas, desarrolladas en otras secciones de este documento.

Estos procesos, que abarcaron a casi todos los países latinoamericanos, han tenido características y alcances muy diversos. Más allá de los objetivos que cada proceso de reforma ha expresado de manera explícita, todos ellos han tenido significativos efectos sobre la cohesión social y las cuentas públicas. Diversas circunstancias han derivado, muchas veces, en fuertes tensiones entre diferentes objetivos de política. Estas tensiones se han puesto de manifiesto de muy diferente manera en cada caso y, en general, han tenido un impacto significativo sobre las relaciones entre distintos niveles de gobierno en cada país y, en algunos casos, han generado mayores requerimientos de financiamiento por parte de los gobiernos subnacionales.

La forma en que se decide la organización de los servicios públicos descentralizados y sus impactos sobre la cohesión social y el resultado fiscal se ubica en una zona difusa y compleja, que no depende de la mera decisión de descentralizar sino de una multiplicidad de circunstancias y decisiones entre las que ocupan un lugar central aquellas definiciones vinculadas con políticas sectoriales y territoriales. De acuerdo con la modalidad adoptada, tanto los impactos sobre el resultado fiscal como sobre la equidad son muy diferentes.[4]

Toda vez que uno esté pensando en un sistema público de cobertura universal nos debemos preguntar por el grado y la modalidad deseables de descentralización, el papel de cada uno de los diferentes niveles de gobierno subnacionales, la organización micro (hospitales, centros de atención primaria) y, muchas veces olvidadas, las funciones que debe cumplir el gobierno central.

Lamentablemente, este debate, en lugar de girar alrededor del interrogante de cómo hacer más eficientes y equitativos los servicios públicos, suele estar dominado por otro tipo de cuestiones. Es el caso del primer gran impulso de la ola descentralizadora en la región durante la década de 1970. En ese entonces, los procesos estuvieron básicamente impulsados por necesidades fiscales o redefiniciones en las políticas públicas ocurridas durante gobiernos no democráticos (Argentina, Chile y Brasil). Siendo que los beneficios de la descentralización tienen como requisito básico la manifestación de los ciudadanos en sus preferencias para mejorar la provisión pública, en ese período este elemento estuvo totalmente ausente en las consideraciones de quienes las impulsaron.

En cambio, durante la segunda ola de descentralización (de la cual participaron muchos países de la región andina), los gobiernos impulsaron estos procesos como manera de fortalecer las nuevas democracias. Sin embargo,

---

[4]   Para un análisis más exhaustivo de esta temática, véase Cetrángolo, O. (2007), *Búsqueda de cohesión social y sostenibilidad fiscal en los procesos de descentralización,* Santiago de Chile, CEPAL, Serie Políticas Sociales 131; y Cetrángolo y Goldschmit (2011), "Descentralización de los servicios públicos, cohesión territorial y afianzamiento de las democracias en América Latina", en Bárcena y Kacef (comp.), *La política fiscal para el afianzamiento de las democracias en América Latina. Reflexiones a partir de una serie de estudios de caso,* Santiago de Chile, CEPAL-PNUD.

en muchos casos, estos procesos no prestaron la suficiente atención a las diferencias de capacidades (básicamente financieras y de gestión) entre diferentes regiones, lo que es un problema que se agrava cuando se trata de la provisión de servicios que, como salud y educación públicas, tienen un alto impacto sobre la igualdad de derechos, en este caso, a lo largo de los territorios.

A diferencia de Europa, en América Latina se encuentran países con mayor extensión territorial y desarrollos productivos más diversos, lo que deriva en la existencia de grandes brechas de desarrollo. En Europa se presenta una gran variedad de niveles de descentralización del gasto público en países cuya brecha de producto por habitante entre las regiones más ricas y más pobres se ubica en niveles muy reducidos (cercana a dos). En esos casos, la instrumentación de transferencias de igualación u otras políticas compensadoras desde el gobierno central son financiera y políticamente viables. En América Latina, en cambio, existen casos donde el producto por habitante de la región más desarrollada llega a ser más de siete veces el de la región más pobre (Perú, Brasil, Colombia, Argentina) y, en consecuencia, las dificultades en lograr servicios públicos de calidad homogénea a lo largo del territorio de cada país se hacen muy complejas.

Esto no quiere decir que la descentralización fiscal no sea una buena iniciativa. En todo caso, cuando se decide organizar la provisión pública de servicios sociales a lo largo de territorios extensos debe evitarse que cada región deba financiarlos con sus propios recursos. Si ello sucediera, la descentralización podría significar un descuido o desfinanciamiento de los gobiernos centrales para seguir objetivos de cohesión social, así como para mantener los niveles de cobertura homogénea a lo largo de todo su territorio. Debe existir algún mecanismo compensador y coordinador de políticas. Ello, lamentablemente, suele ser una demanda adicional de recursos.

Reflexión final

Hemos revisado algunos desafíos que deben enfrentar los gobiernos para reformar sus sistemas de salud y mejorar la cohesión social. En este caso, la construcción de sistemas de salud más equitativos requiere de iniciativas que difícilmente puedan ser encaradas si no se aumenta de manera sustantiva el nivel de carga tributaria. Los desafíos que aquí hemos señalado, que no son los únicos ni necesariamente los más importantes, difícilmente puedan ser enfrentados de manera rápida e instantánea. Tanto en salud como en las restantes reformas de políticas públicas no existen soluciones mágicas para problemas que requieren un importante debate y reconstrucción institucional. En cambio, es preferible pensar en modificaciones paulatinas que sigan un sendero de reformas orientado hacia la construcción de sistemas más igualitarios. Ese sendero, por otra parte, no es único y de validez universal. Cada país tiene un punto de partida diferente y deberá discutir la mejor manera de encarar las reformas necesarias.

Prácticamente todas las áreas de los presupuestos públicos están siendo objeto de algún tipo de reformulación, demostrando la insatisfacción de nuestras sociedades acerca de la magnitud y forma de intervención de los gobiernos. En particular, en lo relativo a la política social, cabe esperar que las reformas tengan un papel central en la construcción de sociedades más cohesionadas y permitan, al mismo tiempo, aumentar la legitimidad de las políticas públicas y, por lo tanto, del pago de impuestos destinados a financiarlas. Este punto es en particular importante, dado que las reformas necesarias en este campo seguramente implicarán necesidades de recursos adicionales.

LA POLÍTICA FISCAL EN CENTROAMÉRICA: REALIDAD ACTUAL Y DESAFÍOS FUTUROS[1]

Enrique Maldonado y Alejandra Contreras de Álvarez

La crisis económica mundial y su impacto en Centroamérica

El mundo está viviendo una de las crisis sistémicas de mayor envergadura desde comienzos del siglo pasado. A casi cinco años de iniciada esta crisis, la recuperación económica mundial continúa siendo incierta. El desempleo y la debilidad financiera y fiscal se han convertido en las piedras que obstruyen el camino para retornar a la senda de un crecimiento económico alto y sostenible. Estas variables continúan manteniendo a la economía del orbe y a la humanidad en una zona de peligro, en donde también la gobernabilidad democrática se está poniendo en juego.[2]

Aun cuando el epicentro de esta crisis se encuentra en las economías avanzadas, lo cierto es que en los últimos meses, la economías en desarrollo, de rápido crecimiento –Brasil, Rusia, India, China y Sudáfrica–, que han constituido los motores de dinamismo de la economía mundial durante este período de crisis, están comenzando a dar señales de agotamiento, lo que podría dar paso a un círculo nocivo de bajo crecimiento mundial.

Es importante advertir que en Centroamérica el modelo de crecimiento económico puesto en práctica en los últimos

---

[1] La mayor parte de este artículo ha sido tomada de Instituto Centroamericano de Estudios Fiscales (ICEFI), *La política fiscal de Centroamérica en tiempos de crisis,* Guatemala, ICEFI, 2012. Se agradecen los comentarios y sugerencias de Jonathan Menkos Zeissig, director ejecutivo del ICEFI.

[2] Véase ICEFI (2012), "Crisis económica 2.0", en *Lente Fiscal Centroamericano,* núm. 4, Guatemala, p. 6.

25 años ha fortalecido los vínculos de estas economías con el resto del mundo, en particular con Estados Unidos, por lo que cada vez existe una relación más directa entre el ciclo económico mundial y la actividad económica de la región.

A esto se agrega el descuido que la política, en especial la económica, ha tenido al consentir la existencia de sociedades desiguales y pobres, con una limitada demanda agregada y con alta conflictividad; asimismo, una relativa dependencia con respecto a productos primarios, cuyos precios tienden a ser más volátiles y pueden, en rachas de precios altos, destruir o, por lo menos, desincentivar la producción de bienes no intensivos en recursos naturales o, en rachas de bajos precios, contraer la actividad económica y aumentar la pobreza.[3]

En sintonía con el modelo de crecimiento establecido, los Estados se muestran débiles e incapaces de implementar redes de protección social universal o poner en práctica planes, estratégicos y transparentes, de inversión pública en infraestructura económica (puertos, carreteras, mercados y otras infraestructuras para la comunicación comercial) y social (escuelas, centros de salud, sistemas de agua potable y drenajes o viviendas).

Costa Rica y Panamá (en menor medida) son las excepciones en esta descripción, por lo que no es de extrañar que, de acuerdo con las estadísticas oficiales, de los aproximadamente 43 millones de centroamericanos, cerca del 59% (25.3 millones) viva en condiciones de pobreza, mientras el 15% vive en la indigencia; aproximadamente el 70% no está afiliado a la seguridad social, mientras que el 25% no tiene acceso a ningún tipo de servicio básico de

---

[3]   Ros, Jaime (2004), "El crecimiento económico en México y Centroamérica: desempeño reciente y perspectivas", *Serie Estudios y Perspectivas*, núm. 18, Comisión Económica para América Latina y el Caribe.

salud. Casi el 90% de la población mayor de 60 años no cuenta con una pensión.

Aproximadamente el 55% (24 millones) de los centroamericanos tiene entre 0 y 24 años de edad. La universalidad en el acceso a la educación primaria es una realidad, pero solo el 30% de jóvenes logran acceder a los niveles de educación posprimaria. Cerca de 2.5 millones de niñas y niños de entre 5 y 18 años de edad están insertos en el mundo laboral. El 94% de los indigentes y el 87% de los pobres centroamericanos se concentran en El Salvador, Guatemala, Honduras y Nicaragua. En casi todos los indicadores, el rostro de los excluidos, de los vulnerables, es un rostro rural, indígena y de mujer. Son estos países los que también se encuentran posicionados entre las 25 naciones con mayor riesgo climático, según las estadísticas de los últimos 20 años.[4]

Por todo lo anterior, es importante advertir que Centroamérica, previo a la crisis económica mundial, ya estaba sumida en una profunda crisis que, más allá de lo económico, se adentra en lo político. Aun así, la poca generación de estadísticas socioeconómicas obliga a acotar el análisis a datos estadísticos eminentemente económicos, como el crecimiento real de las economías, el flujo de remesas familiares y de inversión extranjera, junto con las variaciones en el comercio exterior.

En todos los países centroamericanos, la mayor relación con el exterior proviene del comercio, aunque es mucho más importante para Costa Rica y Panamá, países que, además, se han constituido en los últimos 10 años en el destino de aproximadamente el 60% de la inversión

---

[4]   German Watch. *Global Climate Risk Index 2012. Who Suffers Most from Extreme Weather Events? Weather-Related Loss Events in 2010 and 1991-2010.* Bonn/Berlín, 2011. pp. 19-26.

extranjera directa que viene a la región.[5] Por su parte, para
El Salvador, Guatemala, Honduras y Nicaragua, los flujos de
dólares provenientes de las remesas familiares constituyen
la segunda fuente de recursos del exterior, en orden de
importancia, al representar más del 10% del PIB. No solo
han permitido una mejora de la balanza de pagos de los
países, sino que su existencia ha contribuido a elevar el
nivel de vida de los hogares que las reciben.

Entre 2007 y 2011, se puede observar el auge, la
caída y la recuperación de la actividad económica en
Centroamérica. El promedio de crecimiento de la región
ha estado, la mayor parte de este tiempo, por encima del
promedio de América Latina y el Caribe, en buena medida
como resultado del dinamismo mostrado por Panamá,
Costa Rica, Nicaragua y Guatemala. En estos países, los
efectos de la crisis se diluyeron por la utilización de una
política fiscal contra cíclica –especialmente en el caso de
Panamá, país que puso en marcha un plan millonario de
construcción de infraestructura, entre los que destaca la
ampliación del Canal–, por el aumento en los precios de
sus principales productos de exportación y una fuerte
expansión del sector servicios.

En El Salvador, la caída de las remesas junto a la impo-
sibilidad de una política monetaria expansiva y los pocos
márgenes de maniobra de la política fiscal perpetuaron la
debilidad económica. Por su parte, la economía hondure-
ña debió enfrentar, además de la caída de los principales
flujos de recursos desde el exterior, un golpe de Estado que
profundizó la crisis y debilitó aún más las instituciones
democráticas.

---

[5]   Véanse los informes anuales de la CEPAL sobre la inversión extranjera
       directa en América Latina y el Caribe.

Gráfico 1. Regiones seleccionadas: crecimiento real del producto interno bruto, 2007-2011 (p) (en %)

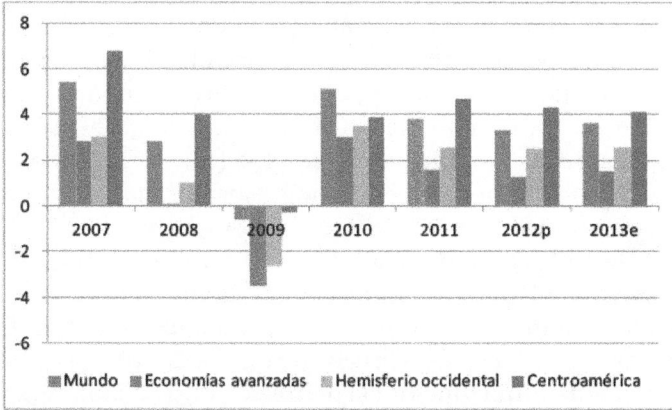

p/ Cifras preliminares, e/ estimación
Fuente: Fondo Monetario Internacional IMF

Gráfico 2. Centroamérica: composición de los principales flujos de recursos del exterior, 2007-2010 (en %)

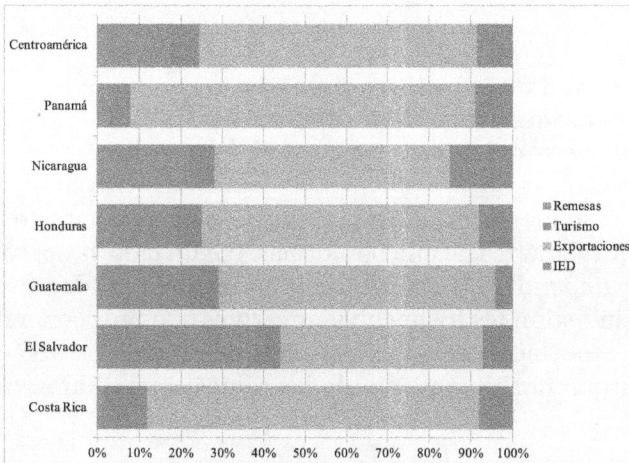

Fuente: elaboración propia con base en estadísticas oficiales y en el World Travel & Tourism Council (WTTC)

Si bien es cierto que entre 2004 y 2007 la región centroamericana vivió una fase de auge económico que le permitió aumentar los niveles de empleo y reducir la pobreza, durante 2008 y 2009 el alza en el precio de los alimentos y otros bienes como el petróleo encareció el costo de la canasta básica, lo cual habría aumentado la pobreza. A este choque, sufrido por los hogares, debe agregarse los cambios en el empleo (mayor informalidad laboral) y la caída en los ingresos familiares, como resultado de la crisis económica.

La información disponible para Costa Rica, El Salvador y Honduras muestra que la incidencia de la pobreza aumentó durante 2008, principalmente por el aumento en el costo de la canasta básica. En 2009, se observan disminuciones en la pobreza, tanto en Honduras como en El Salvador, probablemente como resultado de una disminución en el costo de la canasta básica que contrarrestó la caída en los ingresos de los hogares. La carencia de suficiente información y análisis más detallados limitan el conocimiento sobre el impacto de la crisis económica sobre la desigualdad.

Realidad de la política fiscal de Centroamérica: con lo suficiente para la sobrevivencia, pero no para el desarrollo

La crisis económica mundial ha marcado a Centroamérica de muchas formas. Por un lado, la apertura y dependencia al contexto internacional de los países de la región les ha hecho vulnerables a la reducción de las exportaciones, a menos inversión extranjera directa, a un menor dinamismo de las remesas familiares y el turismo, así como a altas volatilidades en los precios de los alimentos y el petróleo. Por otro lado, la crisis económica ha obligado a los gobiernos a tomar decisiones en materia fiscal, tanto por el lado del gasto como en el ámbito de los ingresos tributarios, mismos que cayeron vertiginosamente ante la caída del comercio exterior y el crecimiento económico.

En los primeros años de la crisis, entre 2008 y 2009, los gobiernos centroamericanos intentaron aplicar medidas de política fiscal que contrarrestaran los embates de la crisis económica mundial, procurando la estabilidad macroeconómica, el apoyo a la actividad productiva y la defensa de los sectores más vulnerables de la población. Programas de asistencia social, blindaje presupuestario de las políticas sociales e intentos escasos y débiles de aumentar el empleo, por medio de programas de reforestación o de construcción de infraestructura pública.

En febrero de 2009, el Consejo de Secretarios y Ministros de Finanzas y Hacienda de Centroamérica, Panamá y la República Dominicana (Cosefin) destacó la importancia de mantener y fortalecer la protección social y el empleo, así como la necesidad de asegurar un ritmo de inversión pública acorde con las necesidades de desarrollo de sus países. En ese sentido, los ministros consideraron que la crisis no debería amenazar los logros significativos de la región de los últimos años, tales como haber alcanzado la paz, el fortalecimiento de la democracia, el ordenamiento del sistema financiero, la estabilidad macroeconómica, así como haber asegurado avances importantes en materia de integración regional y apertura de mercados.

Después de esa reunión, la mayoría de los países, con excepción de Honduras y Panamá, presentó

planes y programas de política pública para contra-
rrestar los efectos de la crisis económica. El gobier-
no de Guatemala presentó el Programa Nacional de
Emergencia y Reactivación Económica, mientras en
Costa Rica se presentó el Plan Escudo y en Nicaragua el
Plan de Defensa de la Producción, el Crecimiento y el
Empleo. Por su parte, el recién estrenado gobierno de
El Salvador, llevado al poder por el izquierdista Frente
Farabundo Martí para la Liberación Nacional, después
de veinte años de gobiernos de derecha, publicó el Plan
Global Anticrisis.

En Costa Rica, el plan implicó la implementación
de subsidios a los pesadores para la compra de com-
bustible; el incremento del gasto de salud, educación y
seguridad, además de incrementos en la remuneración
de los empleados públicos. En El Salvador, se continuó
un subsidio a la energía y se implantaron precios de
referencia para la gasolina y el diesel. También se continuó otorgando subsidios para el agua, el gas licuado
y el transporte.

En Guatemala, el objetivo se concentró en el blindaje
del gasto social, respetando las asignaciones establecidas en el presupuesto público aprobado. El resto de las
esferas de intervención del plan se vieron reducidas ante
la negativa del Congreso de la República para la aprobación de financiamiento mediante algunos préstamos
externos. En Nicaragua, por su parte, se aprobaron varios
recortes del presupuesto, a la par del congelamiento de
salarios y la reducción en la adquisición de equipo y
vehículos. Se intentó priorizar la estabilidad financiera
y la inversión pública.

Finalmente, en Honduras, tras el golpe de Estado,
el gobierno de facto continuó incrementando salarios a

los empleados públicos, aunque con serias dificultades de financiamiento. Por su parte, en Panamá se adoptó un subsidio parcial al consumo de energía eléctrica, así como un bono para los adultos mayores de 70 años que no percibían jubilación. Adicionalmente, se modificó la Ley de responsabilidad fiscal para incrementar el techo del déficit al 2,5% del PIB.

Lo acotado de las medidas puestas en marcha, según los planes contracíclicos, revelan el enfrentamiento entre lo que se quería (o debía) hacer y lo que se podía hacer, dados los márgenes de maniobra, que tendían a la estrechez, por la caída rápida de los ingresos tributarios y el bajo nivel de ahorro público previo a la crisis.

Esa estrechez fiscal obligó a los Estados a tratar de blindar, por lo menos, el gasto público destinado a la producción de bienes y servicios de carácter social, tales como educación, salud y nutrición, con lo que se mantuvieron, y se aumentaron en algunos casos, las remuneraciones al personal y se impulsaron programas de transferencias condicionadas en efectivo. La excepción a la regla fue Panamá, país que aún sin oficializar, en papel, un plan de cara a la crisis, tenía en marcha la ampliación del Canal de Panamá y la construcción de otras vías de comunicación comercial.

Cuadro 1. Principales medidas de política fiscal consideradas en los planes contracíclicos

Variables consideradas	CR	ELS	GTM	NIC
Variación en el gasto	↑	↑	--	↓
Blindaje fiscal		Gasto Social	Gasto Social	Infraestructura y fomento productivo
Protección social e inversión social				
Seguridad Social (Pensiones)	√			
Salud	√			
Educación		√	√	
Alimentación	√		√	√
Transferencias condicionadas	√	√	√	
Inversión publica				
Infraestructura de transporte	√		√	√
Infraestructura energética	√			
Otras infraestructuras (escuelas y hospitales)	√		√	
Generación de empleo				
Crédito	√			
Vivienda Popular	√		√	√
Sostenibilidad fiscal				
Programación fiscal plurianual		√	√	
Fortalecimiento de los ingresos fiscales		√	√	
Identificación de financiamiento externo	√	√	√	√

Fuente: elaboración propia con base en planes anticrisis publicados oficialmente

A pesar de lo acotado que pudieron haber sido, finalmente, los planes anticrisis, su existencia marca un cambio
de paradigmas, pues en crisis económicas anteriores, frente
a una desaceleración, se sacrificaba el gasto público que
fuera necesario con tal de equilibrar las cuentas fiscales.

Ahora bien, el aumento de salarios, de subsidios y
de transferencias monetarias a los hogares ha tenido dos
implicaciones. Por un lado, el impulso al consumo tras-
ladado por estos mecanismos pudo haber contribuido a
evitar un deterioro mayor en las condiciones de vida de la
población, e incluso pudo haber evitado que las brechas
sociales se ampliaran.

Sin embargo, la segunda implicación, menos positiva,
es que el tipo de gasto que se incrementó tiene un carácter recurrente y no coyuntural. Los aumentos salariales
(Costa Rica y Honduras) no pueden revertirse, como no
sea despidiendo personal. Este es también el caso de los
programas de transferencias directas y de subsidios, que
una vez establecidos son difíciles de desmantelar, no solo
por los efectos sociales negativos que puede implicar su
retiro, sino también porque la población beneficiaria de-
fenderá su permanencia, aun a costas de la gobernabilidad.

En síntesis, la política de gasto público puesta en
marcha para intentar salvar a las economías de una caída más abrupta fue cumplida a medias, aumentando el
gasto corriente y, con excepción de Panamá, sacrificando
los programas de inversión pública. Como frutos de esos
planes anticrisis, los países tienen ahora algunos gastos
recurrentes para los que deben buscar financiamiento o
reducciones. En ambos casos, y desde el punto de vista
político, el reto es enorme.

Quizá por todo lo anterior, no sea de extrañar que
todos los gobiernos de la región, sin excepción alguna,
hayan decidido hacer cambios en la tributación. Por un
lado, se requería compensar la caída vertiginosa de la

recaudación, como resultado de una política tributaria sumamente vinculada al comercio exterior y el consumo. Por otro lado, la mayor demanda de recursos para hacer frente a los compromisos asumidos.

Uno de los mayores problemas de la política tributaria es su alta vinculación con el comercio exterior y el consumo. En Centroamérica, se observa que aproximadamente el 55,9% de la recaudación total proviene de impuestos sobre ventas, derechos arancelarios de importación e impuestos selectivos al consumo. En Guatemala esta relación se aproxima al 65%, mientras en El Salvador y Honduras ronda el 60%. Costa Rica y Panamá son los países en donde el peso de estos tres impuestos representa menos del 50% de la recaudación total.[6]

La rápida caída de los ingresos tributarios, durante la crisis económica, elevó nuevamente la discusión sobre la necesidad de fortalecer la política tributaria por medio de tres factores. Primero, modificar la legislación tributaria vigente, incluyendo en algunos casos la creación de impuestos; segundo, fortalecer los instrumentos de fiscalización de la administración tributaria, es decir, los mecanismos de lucha contra la evasión; y tercero, facilitar el cumplimiento tributario de los contribuyentes.

Además, se adoptaron algunas estrategias de modernización en las aduanas; entre ellas, medidas orientadas a la mejora del control de mercancías, el seguimiento en línea del tránsito aduanero, el combate al contrabando y la facilitación del comercio en la región. La temática abordada por las reformas es diversa, aunque existen denominadores comunes amplios en las propuestas de medidas de política para el caso de algunos impuestos.

---

6   ICEFI (2011), "Estudio de las reformas tributarias recientes en América Central", en *Boletín de Estudios Fiscales,* núm. 14, Guatemala.

Los proyectos de reforma a los impuestos sobre la renta de todos los países de la región consideraron tratamientos tributarios de ampliación de la cobertura, principalmente en materia de rentas de capital. Dado que los impuestos indirectos son menos homogéneos en la región, las medidas propuestas fueron también particulares para cada nación. En todo caso, resaltan tanto el incremento del impuesto sobre bienes y servicios (ITBMS) en Panamá y la discusión para el cambio del impuesto sobre ventas a un impuesto al valor agregado en Costa Rica.

Siendo la política fiscal un espacio en el que interactúan diferentes intereses, más allá del interés social, muchas de las propuestas de reforma se quedaron en propuestas, mientras otras transitan políticamente por caminos difíciles que podrían reducir o anular su potencial recaudador (Guatemala y Costa Rica). Pero es necesario reconocer que si bien uno de los objetivos de las reformas ha sido la necesidad de reducir los crecientes déficits fiscales, los cambios aprobados podrían estar marcando un punto de inflexión entre la tradicional política tributaria de Centroamérica, diseñada para la debilidad de los Estados, hacia una nueva política tributaria más cercana a los principios de equidad, suficiencia, simplicidad, generalidad, neutralidad y estabilidad. Estos principios son básicos para una política tributaria que apoye tanto el crecimiento económico como el desarrollo y la democracia.

Cuadro 2. Centroamérica: recaudación tributaria como porcentaje del PIB, 2007-2011 (p)

País	2007	2008	2009	2010	2011p	Variación entre 2011 y 2007
Costa Rica	14,9	15,3	13,5	13,2	13,7	-1,2
El Salvador	13,6	13,5	12,6	13,6	14,6	1,0
Guatemala	12,1	11,3	10,3	10,5	11,2	-0,9
Honduras	16,4	16,1	14,6	14,9	15,6	-0,8
Nicaragua	18,2	17,6	17,5	18,3	19,8	1,6
Panamá	10,8	10,7	11,4	11,7	12,2	1,4
Centroamérica	14,3	14,1	13,3	13,7	14,5	0,2

p/ cifras preliminares
Fuente: elaboración propia con base en estadísticas oficiales

Aún no se tienen análisis detallados sobre los impactos de todas las reformas aprobadas entre 2008 y 2012, pero datos oficiales revelan que los cambios en El Salvador podrían aumentar el 1,5% del PIB la recaudación; en Panamá, cerca del 1,3%; en Guatemala y Honduras, aproximadamente el 1% del PIB, mientras que en Nicaragua no se tienen datos precisos al respecto. Es importante comprender que una buena parte del éxito de las medidas aprobadas requerirá del fortalecimiento de las administraciones tributarias de la región. Asimismo, conviene advertir que la parte medular de la reforma tributaria de Guatemala, en lo relacionado con el impuesto sobre la renta, se comenzará a contabilizar hasta 2013, año en que entra en vigencia. El proyecto de presupuesto del gobierno central estima un incremento de 4.670.000 dólares, es decir, cerca del 1,09% del PIB.

Cuadro 3. Centroamérica: principales reformas a la tributación, aprobadas entre 2008 y 2012

Impuesto/modificación	GT	ES	HN	NI	CR*	PA
Sobre la renta						
Tarifa empresas	■	■		■	■	
Tarifa individuales	■				■	
Rentas de capital	■	■		■	■	
Impuesto mínimo	■			■		
Régimen simplificado	■		■	■		
Precios de transferencia	■				■	
Subcapitalización	■					
Ampliación de base	■	■		■	■	
Eliminación de créditos	■	■			■	
Sobretasas			■			
Al valor agregado						
Tarifa				■	■	
Ampliación de cobertura	■	■		■	■	
Eliminación de exenciones		■	■	■	■	

Impuesto/modificación	GT	ES	HN	NI	CR*	PA
Eliminación de tasa 0%			■		■	
Regulación del crédito y devoluciones	■					
Retenciones del IVA	■					
Selectivos al consumo						
Tarifa y base		■	■	■	■	■
Eliminación exenciones		■				
Nuevo impuesto a vehículos	■					
Vivienda						
Combustibles		■				
Vehículos						
Tarifa circulación	■					
Tarifa arancelaria						■
Propiedad inmueble						
Tarifa						■
Casinos			■		■	
Telefonía						
Amnistía fiscal	■		■			
De control y fortalecimiento de la administración Tributaria	■					

* En Costa Rica, la aprobación de la Ley de Solidaridad Tributaria ha sido declarada por la Sala Constitucional con vicios de procedimiento, quedando pendiente el fallo final de dicha corte.
Fuente: elaboración propia con base en: a) ICEFI (2011), "Estudio de las reformas tributarias recientes en América Central", en *Boletín de estudios fiscales*, núm. 14, Guatemala. b) documentos oficiales para Guatemala y El Salvador.

Las reformas fiscales, aunadas a una contención del gasto público, principalmente en lo que se refiere a las ejecuciones de inversión pública, han dado como resultado la disminución del déficit fiscal, con excepción de Panamá, uno de los objetivos más importantes de dichas reformas. Los presupuestos de inversión pública, sacrificados desde el inicio de la crisis, comienzan a aumentar en 2012, bajo el supuesto de mejoras en la recaudación y continuados niveles de crecimiento económico.

Gráfico 3. Centroamérica: déficit fiscal, 2010 y 2011 (p)
Como porcentaje del PIB

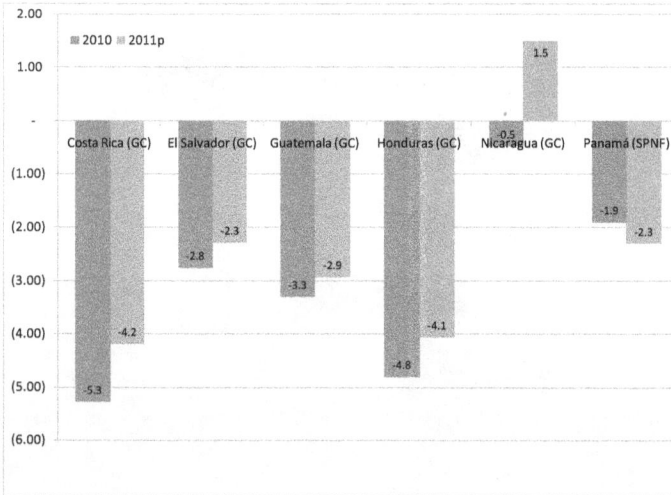

p/ cifras preliminares
Fuente: elaboración propia con base en estadísticas oficiales

En materia de endeudamiento público, en todos los países, con excepción de Panamá, se observa una disminución en la velocidad del endeudamiento, hasta incluso una merma en él. Panamá, con la dinámica propia del proceso de expansión de su infraestructura pública, continuará teniendo déficits cercanos al 2,5% permisible por la ley, así como aumentos en la deuda pública que permitirán financiar dichas inversiones.

Gráfico 4. Centroamérica: saldo de la deuda pública total,
2009-2011 (p)
Como porcentaje del PIB

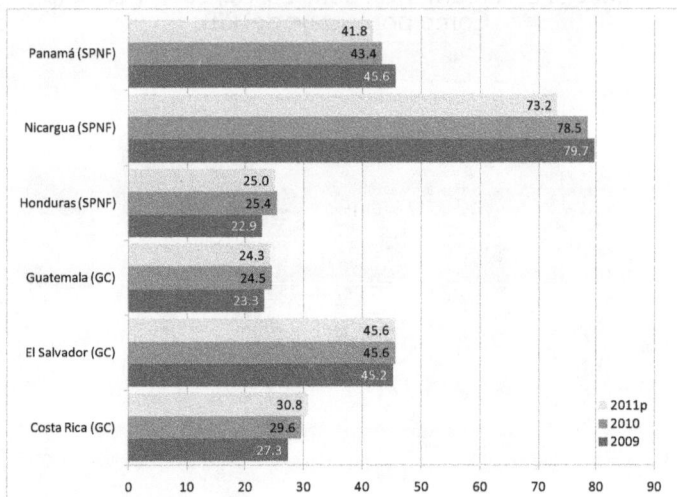

p/ cifras preliminares
GC/ Gobierno central
SPNF/ Sector público no financiero
Fuente: elaboración propia con base en estadísticas oficiales

La política fiscal como expresión de poder.
Actores, instituciones y procesos

En las características de la tributación, así como en la distribución del gasto público y en los mecanismos y formas de endeudamiento e, incluso, en los avances o retrocesos en materia de transparencia y rendición de cuentas, se puede observar el reparto del poder económico y político de una sociedad.

La política fiscal centroamericana revela la influencia de unas élites desproporcionadamente poderosas, capaces de influenciar hasta una política fiscal que ha quedado repleta de privilegios fiscales que hacen poco justa la política tributaria; con limitadas posibilidades de ampliar y orientar el gasto público para el desarrollo y la realización universal de los derechos humanos, así como poco transparente, principalmente en los ámbitos de gasto en donde se manejan grandes sumas de dinero (construcción de infraestructura, adquisición de bienes y contratación de personal). Desde el punto de vista social, esta política fiscal ha implicado el mantenimiento o, en el peor de los casos, el aumento de graves condiciones de inequidad.[7]

Retos que persisten en materia de política fiscal

La persistencia de desequilibrios en el sistema financiero internacional y la continuada crisis económica global, aunada a respuestas insuficientes de política económica de parte de los países desarrollados –especialmente en Europa–, se reflejan en una economía mundial con perspectivas cada vez más negativas. Para las economías de países como los centroamericanos, pequeñas y abiertas, dependientes del comercio, financiamiento, inversiones y tecnología del exterior, ello constituye un desafío adicional a los particulares retos en materia fiscal de aumentar los ingresos, fortalecer la administración tributaria, aumentar y mejorar la calidad del gasto público y avanzar en transparencia.

En el ámbito fiscal, algo se ha progresado en los últimos años, pero aparte de lo que queda por avanzar, en la

---

[7]   Fuente: ICEFI (2012), *La política fiscal de Centroamérica en tiempos de crisis,* Guatemala, ICEFI.

actualidad existen desafíos adicionales. Ha habido mejoras importantes en Centroamérica en relación con los ingresos tributarios y el gasto público. Aunque la carga tributaria cayó como consecuencia de la crisis, posteriormente se recuperó y casi todos los países, con la clara salvedad de Costa Rica, pudieron impulsar reformas tributarias –en particular en el ámbito de la tributación directa– en la dirección correcta hacia una política tributaria globalmente progresiva.

Estas reformas fueron notables en aquellos países en que el Poder Ejecutivo contaba con una mayoría parlamentaria que lo apoyaba, como Panamá u Honduras, o donde se podía asegurar una mayoría por medio de alianzas, como Guatemala, Nicaragua y El Salvador. En Costa Rica, en cambio, la reforma ha enfrentado mayores problemas debido a la dificultad de conformar mayorías legislativas a lo que se añade una lucha mediática en contra de la reforma fiscal. La situación de las finanzas públicas de este país obliga a una discusión sobre su sostenibilidad fiscal y su viabilidad económica.

Resulta significativo que en Costa Rica, país con una amplia tradición democrática –y en El Salvador, a pesar de amplios procesos de discusión– no haya sido posible llegar a acuerdos más abarcadores que se transformaran en legislación aprobada por el Poder Legislativo. Al final de cuentas, como en el resto de los países, ha sido decisiva la acción política para lograr mayorías parlamentarias y no de consensos nacionales totales.

Esto también plantea un desafío para la democracia en una región en que élites empresariales o minorías parlamentarias han logrado vetar propuestas mayoritarias, y donde la precariedad de las mayorías está estrechamente relacionada con la voracidad e intransigencia de minorías empresariales o políticas que, en la práctica, ejercen lo que se podría calificar como una "tiranía de las minorías".

Las dificultades por lograr mayorías parlamentarias sólidas, capaces de impulsar reformas fiscales integrales y profundas en los países de Centroamérica, así como de evitar que estas sean erosionadas gradualmente mediante una serie de exenciones aplicadas a los sectores más dinámicos –peligro que se manifiesta en algunos de los países, como Honduras o Nicaragua, donde se aprobaron reformas tributarias– tienen una explicación: la ausencia de coaliciones mayoritarias que integren los intereses de las élites transnacionales más dinámicas, la clase media urbana y los sectores populares.

Para que una coalición de esta naturaleza pueda consolidarse, tendría que lograrse que las élites transnacionales –que son las que más se están beneficiando del crecimiento económico reciente– superaran la tentación de aliarse con los sectores más tradicionales (caracterizados por su habitual oposición a la reforma fiscal orientada a lograr un sistema tributario eficaz) e hicieran el aporte tributario que les corresponde.

Pero entre la clase media y los sectores populares tampoco existe, indefectiblemente, plena conciencia sobre la necesidad de avanzar en reformas que favorezcan no solo la tributación, sino también el gasto efectivo y transparente, en especial ante la visión ideológica de que el Estado es el origen de todos los problemas o ante una apreciación poco ética de que debe ser fuente de dádivas y favores. En este sentido, el desafío de los actores políticos de la región es altamente exigente: lograr que la élite transnacional encuentre las motivaciones y los incentivos para distanciarse de la oposición tradicional al fortalecimiento del Estado por la vía de una reforma tributaria, asegurar que los sectores populares no dependan de los patrones clientelares y de financiamiento y contribuir a que las clases medias tengan confianza en el Estado.

Avanzar en el aumento de los ingresos de los Estados también implica un mejor aprovechamiento de otras fuentes de ingresos, ya que algunos países, como Guatemala y El Salvador, cuentan con los impuestos como la casi única fuente de financiamiento del gasto público. Se necesita una mejor gestión del patrimonio público, tanto de las empresas estatales como de las concesiones o las regalías procedentes de industrias extractivas. Además, se requiere de los actores políticos una visión de mediano y largo plazos que, con paciencia, aproveche cualquier espacio político para progresar.

En materia de gasto público, hay mucho espacio para mejorar. Por un lado, los centroamericanos están exigiendo conocer el impacto del gasto público en el bienestar, además de los reconocidos avances en transparencia que se evidencian principalmente en Guatemala, El Salvador y Costa Rica. Países como Honduras, Nicaragua y Panamá continúan teniendo serias dificultades no solo en la manera de informar a la ciudadanía, sino también en el modo en que se ejecutan los recursos públicos, lo que está representándoles críticas sociales que, a su vez, ponen en peligro la gobernabilidad democrática.

La política fiscal constituye la columna vertebral de cualquier proyecto de Nación, y es precisamente por esto que ella debe adaptarse a los desafíos económicos, políticos y sociales de cada momento. Centroamérica está dando pasos en la dirección correcta, pero se requerirá de un mayor conocimiento ciudadano y una mayor participación social para cambiar la política fiscal diseñada para la sobrevivencia del Estado, hacia una que promueva el desarrollo, la equidad y la democracia.

Los nuevos tiempos ambientales en América Latina

Ana Lya Uriarte Rodríguez

"Una sociedad que se percibe a sí misma como sociedad del riesgo deviene reflexiva, es decir, los fundamentos de su actividad y sus objetivos se convierten en objeto de controversias científicas y políticas públicas".

Ulrich Beck

Esta reflexión se estructura a partir de tres aspectos y preguntas comunes a toda la región:

1. Percepción y participación ciudadana: ¿el tema ambiental es percibido por nuestros pueblos en América Latina, hoy, de la misma manera que hace dos décadas?

2. El medioambiente y las políticas públicas: ¿los detentadores del poder político pueden, sin costo, soslayar el tema ambiental?

3. Gestión pública eficiente: ¿la gestión pública está preparada para afrontar los nuevos requerimientos surgidos desde la esfera ambiental?

Percepción y participación ciudadana

Hoy la percepción y el requerimiento ciudadano respecto de su calidad de vida en aquellos aspectos asociados al medioambiente han variado intensa y significativamente. Disponemos de información e indicadores que dan cuenta, como nos señala la Comisión Económica para América Latina y el Caribe (CEPAL), de que "en América Latina y el Caribe el problema de contaminación muestra signos de empeoramiento preocupante, producto del crecimiento económico, poblacional y de la profundización de ciertos patrones de producción y consumo".[1]

Ciertamente, uno de los aspectos clave en el análisis de la problemática ambiental, en la perspectiva de visualizar su importancia y fórmulas de abordarlo e integrarlo adecuadamente en la gestión pública, está dado por la evidente interrelación entre afectación ambiental y desigualdad social.

Disponemos de evidencia suficiente como para poder afirmar que resultan ser los sectores más desfavorecidos, desde la perspectiva territorial o social, los que sufren con mayor fuerza los nefastos efectos del deterioro ambiental.

Existen innumerables ejemplos de poblaciones vecinas a industrias que registran mayor cantidad de consultas médicas al servicio de salud público por afecciones respiratorias que aquellas poblaciones que se emplazan en lugares en que no están expuestas a emisiones contaminantes. La literatura es prolífica respecto a casos de mujeres que trabajan en el agro, por temporadas, y que sufren diversas afecciones como consecuencia de la exposición a agroquímicos. Sabemos también que la distribución de áreas verdes en las ciudades no es equitativa: las comunas de mayores ingresos registran mayor superficie de áreas verdes recreativas que aquellas comunas de menores ingresos.

En síntesis, y los ejemplos son muchísimos, existe una desigual distribución de beneficios y cargas ambientales, siendo los sectores de mayores ingresos aquellos que disponen de mayores beneficios ambientales y, consecuencialmente, son los sectores de menores ingresos los que soportan las mayores cargas ambientales.

---

[1]   Véase *La sostenibilidad del desarrollo en América Latina y el Caribe: desafíos y oportunidades,* Santiago de Chile, CEPAL/PNUMA/ORPALC, 2002. Disponible en línea: http://www.eclac.org/rio20/tpl/docs/5.Des-Sost.Julio2002.pdf.

La ciudadanía, en consecuencia, plantea reclamos desde la constatación y la vivencia concreta de la afectación en su salud y calidad de vida. Desde luego, y es necesario hacer la prevención, que hoy las consecuencias del deterioro ambiental también son percibidas y vivenciadas por grupos o sectores con mayores beneficios sociales y económicos, e incluso asistimos a conflictos ambientales protagonizados entre sectores productivos que disputan presencia en espacios territoriales, pues la simultaneidad de su acción es incompatible (por ejemplo, la instalación de centrales de energía térmicas de gran tamaño con actividades turísticas acompañadas de instalaciones hoteleras). Sin perjuicio de lo anterior, es un hecho que los sectores de menores ingresos y más vulnerables son los mayormente afectados, pues la "relación entre pobreza y medioambiente es circular: la pobreza está en la base de algunos importantes problemas ambientales, y los pobres son los más afectados por la degradación del medioambiente".[2]

El desarrollo humano –particularmente nos referimos a aquellos aspectos en que se han logrado avances– es puesto en riesgo, día a día, atendida la gran tarea pendiente en orden a lograr crecientes niveles de igualdad social y mayor protección ambiental. Así lo corrobora el Informe Mundial sobre Desarrollo Humano 2011, *Sostenibilidad y equidad: un mejor futuro para todos,* que alerta sobre un posible retroceso del desarrollo humano en caso de que la desigualdad social y el deterioro del medioambiente sigan intensificándose.

"La sostenibilidad medioambiental es clave para la consecución de los Objetivos de Desarrollo del Milenio. Los recursos naturales son la base de subsistencia en numerosas

---

2   "Objetivos de desarrollo del Milenio: Avances en la sostenibilidad ambiental del desarrollo en América Latina y el Caribe" Naciones Unidas. CEPAL. Año 2010 http://www.eclac.org/publicac

comunidades pobres. El capital natural representa el 26% de la riqueza de los países de bajos ingresos. Hasta el 20% de la carga total de enfermedad en los países en vías de desarrollo está asociado con los riesgos medioambientales".[3]

Sabemos que la desigualdad de ingresos es abismante, "uno de los grandes desafíos que continúa enfrentando América Latina es la reducción de los elevados niveles de desigualdad en la distribución del ingreso prevalecientes en la región. En la mayoría de los países se observa que un conjunto reducido de la población acumula una gran proporción de todos los ingresos generados, mientras que los más pobres solo alcanzan a recibir una escasa porción. El promedio simple de los valores de los 18 países de los que se cuenta con información relativamente reciente indica que el 10% más rico de la población recibe el 32% de los ingresos totales, mientras que el 40% más pobre recibe el 15%. Se observan niveles relativamente altos de concentración en Brasil, Chile, Colombia, Guatemala, Honduras, Paraguay y República Dominicana, países en que esos porcentajes se acercan al 40% de los ingresos para los más ricos y entre el 11% y el 15% para los más pobres".[4]

En este contexto de desigualdad, donde las personas advierten resultados macroeconómicos alentadores pero que benefician –con exceso irritante– solo a pequeños sectores de la sociedad, el conflicto socioambiental ha emergido con mayor fuerza, planteando, las más de las veces, un rechazo a aquello que es percibido como decisiones que favorecen a ese crecimiento económico que no les alcanza, en perjuicio de la protección ambiental y su calidad de vida.

---

[3]   http://www.pnuma.org/GEO4/documentos/02Desarrollo.pdf
[4]   "Panorama Social de América Latina". 2012. Naciones Unidas-CEPAL. Consultar en: http://www.eclac.org/publicaciones/xml/5/48455/PanoramaSocial2012DocIRev.pdf

Es más, el descontento ciudadano en materias ambientales ha trascendido la mera manifestación y ha originado consecuencias en el plano institucional producto de los impactos que las personas han debido sufrir.

En efecto, en los últimos años los Estados se han visto compelidos a entregar respuestas reparatorias a daños originados en actuaciones o gestiones en las cuales la prevención en materia ambiental no estuvo presente o fue insuficiente, arrancando de allí su responsabilidad. La muerte, el daño a la salud o el menoscabo a la calidad de vida de las personas han traspasado la frontera de la gestión político-administrativa y han tocado la puerta del Poder Judicial. Numerosos son los casos en nuestra región en que las demandas judiciales de sectores afectados por la contaminación han, finalmente, concluido en sentencias en las cuales el Estado ha debido indemnizar.

Los tiempos de la ignorancia y falta de información son parte del pasado. El conocimiento ha cruzado la frontera académica y hoy se ha socializado y los gestores públicos y privados disponen de amplia información sobre los impactos ambientales que sus acciones pueden causar. La actividad industrial, por ejemplo, hoy debe responder a estándares muy distintos a aquellos que les eran exigidos en el siglo XX.

Atrás han quedado los tiempos en que la visión de progreso era asociada a la industrialización y en que el símbolo de una usina expidiendo humo desde sus chimeneas era asociado a crecimiento y bienestar económico. Hoy, la población asocia esa imagen a contaminación, daño a la naturaleza, a la salud de las personas y a un deterioro de su calidad de vida.

Probablemente uno de los ejemplos más evidentes de este cambio de visión es el que nos entrega el municipio de Puchuncaví, ubicado en el lado norte de la provincia de Valparaíso, en la V Región de Valparaíso, Chile, que ha sufrido impactos nocivos, de diverso tipo y envergadura, a propósito de la operación de refinerías y fundiciones de metales. Su escudo, que exhibe una imponente chimenea humeante en el mismo plano de importancia e "inocuidad" que la agricultura y la pesca, da cuenta de otras épocas y otras concepciones. El escudo es el que mostramos a continuación:

Pues bien, dando cuenta del malestar de la comunidad, en la Sesión Ordinaria N° 121 del año 2012 del Concejo Municipal de Puchuncaví, período 2008-2012, celebrada el 27 de abril de 2012, se consignó en la tabla del día la propuesta de cambio de escudo municipal. El alcalde señaló, según se consigna en el acta respectiva, que "la realidad actual dista de lo que fue antaño. Una chimenea hoy es símbolo de contaminación". En la misma línea, la concejala Villarroel indica que "en aquellos años, quienes trabajaron en la elaboración de dicho escudo no se imaginaron el daño que podría provocar a futuro. La intención de lo desarrollado tuvo buena fe, sin embargo el símbolo chimenea no se ajusta a la realidad actual con la que convivimos".[5]

Hoy ese escudo cuestionado es parodiado a través de una imagen que grafica plenamente aquel descontento

---

[5]   Consultar Acta en: http://www.munipuchuncavi.cl/2.0/sitio10/pdf/
        transparencia/actas/2012/ordinaria%20121.pdf

que venimos señalando, al asociar la operación de una actividad de carácter industrial con muerte, desolación y destrucción:

Creemos que es innegable la importancia, necesidad y presencia de las actividades de desarrollo productivo. Han sido superadas las caricaturizaciones que imputaban a los defensores del medioambiente posturas irreconciliables con los tipos de vida y sociedades que actualmente tenemos.

Hoy en día, actores provenientes de diversos ámbitos del quehacer social, político, económico y cultural invocan antecedentes y evidencia indiscutible sobre la necesidad de abordar una gestión y política medioambiental responsable con las personas y las generaciones futuras. La información disponible arroja conclusiones que hacen insoslayable la actuación tanto en el ámbito preventivo como precautorio[6] por parte de los Estados.

El contenido de la gestión ambiental, en el contexto que venimos tratando, no puede sino inspirarse en una política ambiental con énfasis en la sustentabilidad. Ya no

---

[6] Principio 15 de la Declaración de Río: Con el fin de proteger el medio ambiente, los Estados deberán aplicar ampliamente el criterio de pre-caución conforme a sus capacidades. Cuando haya peligro de daño grave o irreversible, la falta de certeza científica absoluta no deberá utilizarse como razón para postergar la adopción de medidas eficaces en función de los costos para impedir la degradación del medio ambiente. http://www.un.org/spanish/esa/sustdev/agenda21/riodeclaration.htm

es aceptable la espontaneidad y la desaprensión. Sabemos, por ejemplo, que "los productos químicos están cada vez más presentes en la vida moderna y son importantes para algunas economías nacionales, pero su gestión irracional pone en peligro la consecución de objetivos de desarrollo fundamentales y un desarrollo sostenible para todos", como sostiene el subsecretario general de las Naciones Unidas y director ejecutivo del PNUMA (Programa de Naciones Unidas para el Medio Ambiente), Achim Steiner.[7] Asimismo, también sabemos que

"los sistemas naturales tienen 'puntos de inflexión' más allá de los cuales los daños se vuelven irreversibles (por ejemplo, la pérdida de especies, cambio climático, agotamiento de mantos acuíferos, deterioro de la tierra). No obstante, en muchos de los casos estos umbrales no han sido entendidos en su totalidad; tampoco las consecuencias ambientales, sociales y económicas de cruzarlos. Un reto clave es encontrar el justo equilibrio entre brindar señales claras de política a los usuarios de los recursos y a los consumidores y dejar un margen para maniobra y adaptación a la luz de las incertidumbres".[8]

El escenario ha cambiado sustantivamente en las recientes décadas. La sustentabilidad del desarrollo es entendida como la visión comprensiva de un adecuado equilibrio entre crecimiento económico, protección ambiental y equidad social.

Las lógicas deben, necesariamente, cambiar:

"Mientras en la sociedad industrial la 'lógica' de la producción de riqueza domina a la 'lógica' de la producción de riesgos, en la sociedad del riesgo se invierte esta relación

---

[7] http://www.pnuma.org/informacion/comunicados/2013/20130219/index.php

[8] Prospectiva ambiental de la OCDE al año 2050 http://www.oecd.org/env/indicators-modelling-outlooks/49884278.pdf

[...]. Las fuerzas productivas han perdido su inocencia en la reflexividad de los procesos de modernización. La ganancia de poder del 'progreso' técnico-económico se ve eclipsada cada vez más por la producción de riesgos".[9]

Los ciudadanos conocen y han experimentado la concreción de esos riesgos y exigen su contención, y demandan, al mismo tiempo, transparencia de información.

En consecuencia, los ciudadanos también reclaman mayores y mejores espacios de participación a efectos de incidir en el presente, en el futuro y en la vocación de sus territorios, así como en las políticas, planes, programas y medidas con incidencia ambiental. Sigue vigente, y es un paradigma de la construcción de democracia ambiental, el Principio 10 de la Declaración de Río sobre el Medioambiente y el Desarrollo, que establece que

"el mejor modo de tratar las cuestiones ambientales es con la participación de todos los ciudadanos interesados, en el nivel que corresponda. En el plano nacional, toda persona deberá tener acceso adecuado a la información sobre el medioambiente de que dispongan las autoridades públicas, incluida la información sobre los materiales y las actividades que encierran peligro en sus comunidades, así como la oportunidad de participar en los procesos de adopción de decisiones. Los Estados deberán facilitar y fomentar la sensibilización y la participación de la población poniendo la información a disposición de todos. Deberá proporcionarse acceso efectivo a los procedimientos judiciales y administrativos, entre estos, el resarcimiento de daños y los recursos pertinentes".

Desde luego, como puede advertirse, finalmente, esta exigencia de participación ciudadana apela –o interpela– a las fórmulas tradicionales de representación democrática

---

[9]   La Sociedad del riesgo global Beck, Ulrich: http://www.leemira.cl/biblioteca/La_Sociedad_del_Riesgo_Global_Beck_Ulrich.pdf

y acceso a la información pública transparente. De forma magistral, el abogado y escritor chileno Luis Eduardo Thayer, en su libro *Medioambiente, empresa y globalización*, da cuenta de un sentir mayoritario, ya instalado en las grandes mayorías ciudadanas, en los siguientes términos:

"No es ya equitativo y atenta contra toda estabilidad social que la participación del pueblo se exprese votando cada 4 o 6 años para elegir sus representantes, mientras los controladores del poder económico –que son los que 'mueven' el poder político– están votando las 24 horas de todos los días en función de sus intereses personales o de grupo".

En definitiva, como resultado de la percepción ciudadana a que nos hemos venido refiriendo en los párrafos anteriores –es decir, deterioro del medioambiente, grupos de interés con poder de incidencia en decisiones públicas y que actúan en función de sus intereses particulares y la existencia de amplios espacios de desprotección o menoscabo a su calidad de vida u otros bienes–, asistimos a una demanda nacida en el seno de la comunidad, organizada o no, en orden a generar mecanismos institucionales que, en forma regular y ordinaria, contemplen la participación de la ciudadanía a la hora de generar políticas públicas en la esfera ambiental, que equilibren aquello que es percibido como un mayor peso institucional de los elementos que rodean el fomento productivo en perjuicio de la protección ambiental.

El medioambiente y las políticas públicas

La gran mayoría de los países de la región han recogido, en el ámbito constitucional, de diversas maneras y con diferentes redacciones, la necesidad de abordar la protección del medioambiente en tanto ella importa, necesariamente, relaciones, en ocasiones directas e inmediatas, con la vida de las personas y su calidad.

En el ámbito legal, se han generado en las recientes décadas "leyes marco" de carácter ambiental. Nuestros países cuentan, por lo tanto, con marcos normativos de carácter general que reflejan los intentos por atender el tema ambiental, tanto en el ámbito institucional como regulatorio y de gestión.

Sin dejar de reconocer la importancia de estos significativos avances, no es posible desoír la potente voz ciudadana que reclama profundizaciones en el aspecto preventivo y precautorio de la gestión ambiental, a la vez que demanda mayor equilibrio entre la protección ambiental, el crecimiento económico y la participación efectiva a la hora de definir los destinos de los territorios y las decisiones de incidencia ambiental.

América Latina es una región rica no solo en recursos naturales, sino que también cuenta con un patrimonio cultural y social extraordinario. El denominado "tema ambiental" alcanza no solo la protección de los elementos naturales, sino también la protección de los elementos artificiales y socioculturales. Ilustrativa de esta extensión del concepto de medioambiente es la definición que la ley chilena nos entrega acerca de él, al señalar que medioambiente es "el sistema global constituido por elementos naturales y artificiales de naturaleza física, química o biológica, socioculturales y sus interacciones, en permanente modificación por la acción humana o natural y que rige y condiciona la existencia y el desarrollo de la vida en sus múltiples manifestaciones".[10]

La región, en consecuencia, siendo tan rica y diversa, enfrenta grandes desafíos que apelan a las identidades

---

[10]   Ley Nº 19.300 sobre Bases Generales del Medio Ambiente, artículo 2º, letra ll).

culturales y al patrimonio natural que debe ser resguardado y protegido en un mundo globalizado y que enfrenta fuertes presiones desde la dimensión económica del crecimiento.

Los detentadores del poder político tienen ante sí un complejo escenario, pues junto a las demandas ciudadanas a que hemos hecho referencia, se asocia, de manera insoslayable, la perentoriedad de abordar definiciones clave de distinto carácter, en un amplio espectro del quehacer humano, donde los espacios de "desregulación"[11] solo contribuyen a aumentar la conflictividad socioambiental.

En efecto, frente a conflictos socioambientales surgidos con ocasión de decisiones de carácter administrativo que, por ejemplo, autorizan la operación de una determinada actividad económica, las más de las veces estaremos en presencia de políticas mal formuladas o no generadas y de marcos regulatorios inexistentes o insuficientes en relación con el uso del territorio. En otros casos, cuando comunidades indígenas se opongan al desarrollo de determinados emprendimientos productivos, encontraremos, en la base de ese conflicto, una ausencia o insuficiencia de políticas respecto de recursos naturales situados en territorios indígenas y, para aquellos países que hayan ratificado el Convenio N° 169 de la OIT sobre Pueblos Indígenas y Tribales en Países Independientes, se sumará un ineficiente desarrollo del contenido procedimental de dicho convenio en el ámbito nacional. En fin, respecto de los múltiples conflictos socioambientales, la inmensa mayoría de las veces estaremos en presencia de situaciones que exigen definiciones claras de carácter político-ideológico y la generación de políticas públicas adecuadas a la implementación de esas definiciones de política.

---

[11]   Nos referimos con esta expresión a la inexistencia de marcos normativos claros sobre aspectos determinados.

Recursos naturales, áreas protegidas, ordenamiento territorial, formas de generación y transmisión de energía, pueblos indígenas y otras cuestiones de dimensión ambiental –como por ejemplo el asunto clave del cambio climático– son los temas respecto de los cuales los detentadores del poder están siendo compelidos a definirse. Es hoy impensable enfrentar programas gubernamentales sin abordar estos temas.

El Poder Ejecutivo y el Poder Legislativo, atendiendo lo expuesto anteriormente, están enfrentados a grandes exigencias:

1. Definir políticas medioambientales cuyo eje sea la sustentabilidad y que crucen transversalmente la acción de los Estados.
2. Definir compromisos y socializar el reto del cambio climático.
3. Rendir cuenta de iniciativas que aporten en la materialización de mejores institucionalidades y regulaciones ambientales en la perspectiva de la sustentabilidad.
4. Asegurar mecanismos de fortalecimiento de la educación ambiental en todos los niveles.
5. Generar mecanismos institucionales regulares para materializar la participación ciudadana en la adopción de decisiones y medidas de dimensión ambiental.

Es innegable la alianza que debe existir entre ambos poderes del Estado a la hora de avanzar en el gran desafío de la sustentabilidad. La gran tarea es hacer política, es decir, maximizar la capacidad de diálogo y hacer valer el peso ciudadano mayoritario, a fin de lograr puntos de acuerdo que hagan viables las iniciativas que surjan desde uno u otro poder. La inacción está siendo sancionada por los ciudadanos y, cada día más, estos y las organizaciones no gubernamentales (ONG) están en condiciones de hacer seguimiento a las actuaciones u "omisiones" de los detentadores del poder en democracia, y pedir cuentas acerca de lo obrado.

En esta perspectiva –con información disponible, con exigencias ciudadanas, con impactos ambientales negativos innegables, con debate público sobre estos temas–, la deliberación institucional está en el escenario público y es escrutada cada vez con más rigor y estrictez.

La construcción de políticas públicas de calidad es la tarea de este tiempo. Esas políticas públicas deben ser entendidas como referencia a las definiciones y a los lineamientos de los organismos públicos para orientar su quehacer frente a la ciudadanía, considerándola en la toma de decisiones, haciendo públicas sus actuaciones. Para ser efectivas, deben encontrarse documentadas e institucionalizadas, de modo que sean verificables y estables, y que no deben estar sujetas solo a criterios y voluntades personales.[12] Como las define Eugenio Lahera,[13] deben ser "cursos de acción y flujos de información relacionados con un objetivo público definido en forma democrática; los que son desarrollados por el sector público y, frecuentemente, con la participación de la comunidad y el sector privado".

América Latina requiere de un modo imperioso políticas públicas de calidad, pues, según informa la OCDE, la confianza en las instituciones públicas en América Latina tiende a ser, en promedio, la más baja del mundo.[14] Una política pública de excelencia es, también según Lahera, la que a partir de valores plantea objetivos políticos claros y logra definir del mejor modo temas técnicos. Estos últimos

---

[12]   Manual de Participación Ciudadana. Corporación Participa. Consultar: http://www.participa.cl/wp content/uploads/2011/11/Manual-Participaci%C3%B3n-Ciudadana.pdf (Pág. 53)

[13]   Ph.D. y Master en Public Affairs de la Universidad de Princeton, 1979. Abogado de la Universidad de Chile, 1971

[14]   "La formulación de políticas en la OCDE. Ideas para América Latina". Publicación de la OCDE. 2011

no pueden reemplazar la política, pero sí la complementan para darle forma. Corresponde a aquellas políticas:

1. responder a un objetivo público definido en forma democrática;
2. puntualizar cursos de acción y flujos de información relacionados con el objetivo público;
3. delinear cursos de acción y flujos de información desarrollados por el sector público y, frecuentemente, con la participación de la comunidad y el sector privado;
4. incluir orientaciones o contenidos, instrumentos o mecanismos, definiciones o modificaciones institucionales, y la previsión de sus resultados.[15]

En lo tocante a materias ambientales, el fundamento de la urgencia de generar o profundizar (según sea el caso) políticas públicas en esta área está claramente dado por elementos que debemos reiterar: la evidencia indica que América Latina exhibe un importante deterioro ambiental representado por la degradación de suelos, la deforestación, la contaminación del aire y el agua, el estrés hídrico, la expansión urbana no planificada sustentablemente, la contaminación de mares y costas, la pérdida de biodiversidad y la extrema vulnerabilidad ante eventos naturales extremos.[16] Asimismo, conforme a las conclusiones del Informe del Panel Intergubernamental de Cambio Climático de Naciones Unidas (IPCC, según sus siglas en inglés) emitido el 5 de abril de 2007, los efectos del cambio climático en América Latina importarán reemplazo en la Amazonía de bosque tropical por sabana, aumento de la salinización y desertificación de tierras agrícolas, aumentos del nivel

---

[15] Presentación de Eugenio Lahera "Del dicho al hecho: cómo implementar las políticas? Consultar en http://www.bcn.cl/carpeta_temas/temas_portada.2006-07-25.7747914711/archivos-pdf/politicas_Lahera.pdf
[16] Informes GEO de PNUMA

del mar con las subsecuentes inundaciones en zonas bajas y que afectarán los corales y otras especies, fenómenos climáticos extremos (que ya estamos vivenciando) y pérdida de biodiversidad.

En síntesis, las realidades que enfrentamos hoy y que enfrentaremos mañana son ciertas –avaladas por evidencia científica–, públicas y conocidas. Los actores con poder decisional y de gestión serán objeto del escrutinio público y su responsabilidad será difícilmente excusable si no comprometen su actuar con inmediatez, en forma clara y cabal, con la sustentabilidad.

Gestión pública eficiente

Un tema recurrente en la mayoría de los países de la región son las deficiencias en la coordinación y coherencia de las decisiones y políticas dentro del aparato público. Esto ha generado situaciones de conflicto que se han manifestado de maneras muy heterogéneas: desde una mera latencia, en la simple inefectividad de las políticas, hasta conflictos más explícitos que pueden llegar a ser violentos. A pesar del desarrollo normativo, de la definición de estándares, de las garantías constitucionales y todo el andamiaje jurídico establecido, la conflictividad en materia socioambiental se ha hecho más visible y parecería que el número de estos litigios hubiera aumentado. La gravedad de algunos de estos conflictos ha repercutido más allá de las fronteras cuando han involucrado, por ejemplo, el uso de recursos compartidos.[17]

---

[17] "Objetivos de desarrollo del Milenio: Avances en la sostenibilidad ambiental del desarrollo en América Latina y el Caribe" Naciones Unidas. CEPAL. Año 2010. http://www.eclac.cl/cgi-bin/getprod.asp?xml=/publicaciones/xml/6/38496/P38496.xml&xsl=/dmaah/. Pág. 43

Mejores indicadores medioambientales y, desde luego, mejor desarrollo humano necesitan, como premisas básicas, por una parte, políticas públicas de calidad claras y categóricas en cuanto a su que su eje clave es la sustentabilidad y, por otra, una adecuada implementación de las mismas.

La gestión pública que debe implementar políticas públicas será eficiente en tanto opere alineada con dichas políticas y, en particular en el caso de la gestión pública ambiental, alineada con una política pública con eje en la sustentabilidad. Dicho alineamiento solo se verificará en tanto se cuente con una institucionalidad ambiental con las competencias y facultades que le permitan actuar en pos del cumplimiento de los objetivos de política establecidos.

Una gestión eficiente en materia ambiental, por lo tanto, requerirá el fortalecimiento de la institucionalidad ambiental, en la perspectiva de equilibrar los pesos institucionales de aquellos llamados a tomar decisiones. Resulta imprescindible, en la perspectiva de la sustentabilidad, que quienes detentan competencias en materia de protección ambiental tengan un peso equivalente, tanto jerárquica como políticamente, a aquel que ostentan quienes tienen competencias en las áreas de fomento productivo.

El equilibrio institucional referido en el párrafo anterior no es fácil de lograr, pues enfrenta obstáculos y genera reticencias. En efecto, es aún recurrente el argumento que hace referencia a la necesidad de crecer económicamente estimando como un "lujo" que retrasa ese crecimiento la aplicación de instrumentos de prevención en materia ambiental, como pueden ser los permisos ambientales, antecedidos, desde luego, de evaluaciones ambientales, y aquellos otros argumentos que defienden las miradas "sectoriales" por sobre la integración de políticas que incluyan la variable ambiental.

Estas visiones anacrónicas se contraponen, incluso, a los postulados de organizaciones defensoras de la economía de libre mercado, como es la Organización para la Cooperación y el Desarrollo Económico (OCDE), que postula la necesidad de "integrar los objetivos ambientales a políticas económicas y sectoriales (por ejemplo, energía, agricultura, transporte), ya que estas últimas tienen mayores impactos que las políticas ambientales solas", agregando que "los retos ambientales deben evaluarse en el contexto de otros desafíos globales tales como la seguridad alimentaria, energética y la reducción de la pobreza".[18] Las consecuencias de las ya referidas visiones anacrónicas son la generación de un retraso en la adopción de potentes y estables políticas ambientales que nos conduzcan a un desarrollo que integre las distintas dimensiones de la vida de las personas.

Así las cosas, sin desconocer sino por el contrario reconocer los ingentes y en ocasiones epopéyicos esfuerzos de las entidades públicas para implementar una gestión ambiental que atienda las necesidades y requerimientos de nuestros pueblos, no es posible sino constatar el diagnóstico de la CEPAL enunciado en el primer párrafo de este acápite, es decir, que atendido el aún insuficiente peso institucional de los órganos ambientales, existen deficiencias en la coordinación y coherencia de las decisiones y políticas dentro del aparato público, que en definitiva redundan en insuficientes respuestas a la gran tarea de la sustentabilidad.

---

[18]   Prospectiva ambiental de la OCDE al año 2050. http://www.oecd.org/
env/indicators-modelling-outlooks/49884278.pdf

Conclusiones

1. Nuestros pueblos perciben el siguiente escenario:
a. deterioro del medioambiente;
b. profunda desigualdad de distribución de ingresos;
c. grupos de interés con poder de incidencia en decisiones públicas y que actúan en función de sus intereses particulares;
d. existencia de amplios espacios de desprotección o menoscabo a su calidad de vida u otros bienes.

2. Atendida la percepción ciudadana reseñada en el punto anterior, nuestros pueblos reclaman mayor protección del medioambiente, de sus vidas y salud, y una mejor calidad de vida que asocian a adecuadas condiciones medioambientales, al tiempo que demandan reformas institucionales que les permitan, de manera permanente y regular, participar en los procesos de toma de decisión de políticas, planes, programas o medidas con incidencia ambiental.

3. Sigue siendo tema pendiente, en la mayoría de los países de la región, la definición de una efectiva y consistente política ambiental que tenga como eje la sustentabilidad y la equidad ambiental. Desde esta falencia, se desprenden consecuencias inevitables con las cuales convivimos en una parte importante de la región:
a. institucionalidad ambiental de menor jerarquía política e institucional a aquella de que disponen los ejecutores de políticas de fomento productivo;
b. capacidad de los distintos sectores (agrícola, forestal, minero, energético, de obras públicas, etc.) de generar sus propias regulaciones sin integración de la variable ambiental y sin coordinación con el sector ambiental;

c. insuficiente regulación ambiental determinante de estándares ambientales;

d. insuficiente capacidad fiscalizadora en materia ambiental;

e. carencia de mecanismos de deliberación de políticas públicas que coordinen la materialización de una política de sustentabilidad.

4. El Poder Ejecutivo y el Poder Legislativo están enfrentados a grandes exigencias:

a. definir políticas medioambientales cuyo eje sea la sustentabilidad y que crucen transversalmente la acción del Estado;

b. definir compromisos y socializar el reto del cambio climático;

c. rendir cuenta de iniciativas que aporten en la materialización de mejores institucionalidades y regulaciones ambientales en la perspectiva de la sustentabilidad;

d. asegurar mecanismos de fortalecimiento de la educación ambiental en todos los niveles;

e. generar mecanismos institucionales regulares para materializar la participación ciudadana en la adopción de decisiones y medidas de dimensión ambiental.

5. Los principales temas estructurales (sin que el orden de presentación implique jerarquía) que requieren de nuevas visiones desde la dimensión ambiental son los siguientes:

1. recursos naturales;

2. áreas protegidas;

3. ordenamiento territorial;

4. formas de generación y transmisión de energía;

5. pueblos indígenas;

6. participación ciudadana.

Autores

Fernando Adolfo Iglesias

Fue Diputado Nacional (2007-2011) en representación de la Ciudad Autónoma de Buenos Aires (Coalición Cívica). Es licenciado del programa ARD de la Facultad de Ciencias Sociales, Universidad de Lomas de Zamora, y diplomado en Periodismo en el Taller Escuela Agencia (TEA). Integró las comisiones del MERCOSUR Ciencia y Tecnología; Comunicaciones e Informática; Cultura; Deportes; Libertad de Expresión y Relaciones Exteriores y Culto.

Oscar Cetrángolo

Es licenciado en Economía por la Universidad de Buenos Aires, Argentina. Desde 2003 colabora para la Comisión Económica para América Latina y el Caribe (CEPAL) como experto en políticas públicas, además de otros trabajos de consultoría para distintos organismos tales como la CEPAL, el BID y la OIT. Es docente en la Universidad de Buenos Aires, en la Facultad Latinoamericana de Ciencias Sociales (FLACSO), en la Universidad de San Andrés y en el Instituto Torcuato Di Tella, entre otros. Cuenta con un Master of Philosophy (Estudios de Desarrollo) por el Institute of Development Studies (IDS) en Reino Unido.

Alan Fairlie Reinoso

Es profesor e investigador del Departamento de Economía de la Pontificia Universidad Católica de Perú. También es licenciado en Economía por la Pontificia Universidad Católica de Perú y tiene un Magíster en Comercio Internacional y Desarrollo por el Instituto Torcuato Di Tella, Buenos Aires, Argentina (1990); Además, realizó estudios de posgrado en Desarrollo Económico en la Universidad Internacional de Andalucía. Es autor de diversas publicaciones sobre grupo andino y MERCOSUR, integración y desarrollo, así como sobre dinámica inflacionaria y políticas de ajuste estructural comparado. Es consultor nacional e internacional sobre estos temas. Además de la docencia en la Universidad Católica, también ha sido profesor de la Universidad del Pacífico, Universidad de Lima, entre otras instituciones, en los cursos de Análisis Macroeconómico, Economía Internacional y Desarrollo Económico.

Ana Lya Uriarte Rodríguez

Es abogada por la Universidad de Chile, especialista en las áreas ambientales y sanitarias. Se desempeñó como directora ejecutiva de la Comisión Nacional del Medio Ambiente (CONAMA) y ocupó el cargo de ministra del Medio Ambiente durante el gobierno de la Dra. Michelle Bachelet, entre los años 2006 y 2010, transformándose en la primera ministra de la cartera en Chile, correspondiéndole la tarea de reformar la institucionalidad ambiental, impulsando la reforma legislativa que dio nacimiento al primer Ministerio del Medio Ambiente, el Servicio de Evaluación Ambiental y la Superintendencia del Medio Ambiente. Actualmente se desempeña como investigadora del Centro de Derecho Ambiental de la Facultad de Derecho de la Universidad de Chile, y docente en el magíster de

Derecho Ambiental, del magíster en Derecho y el Instituto de Estudios Internacionales de la Universidad de Chile.

Fernando Calderón

Es doctor en Sociología por la Escuela de Altos Estudios de París y licenciado en Sociología por la Universidad de Chile. Además, se desempeñó como profesor en diversas universidades: Universidad de Chile y Universidad Católica en Valparaíso, Chile; Univerisdad de San Andrés en La Paz y Universidad de San Simón en Cochabamba, Bolivia; FLACSO, Universidad de Chicago, Universidad de Austin, Universidad Cornell y Universidad de California-Berkeley; Universidad de Barcelona. También fue conferencista y profesor en más de diez universidades de América Latina y diversas partes del mundo. Fue secretario ejecutivo de CLACSO, asesor en Políticas Sociales de la CEPAL, asesor especial en Desarrollo Humano y Gobernabilidad del PNUD para América Latina. Coordinó y asesoró más de diez informes de desarrollo humano a nivel nacional, regional y mundial, y dirigió el Proyecto de Análisis Político y Prospectiva para América Latina (PAPEP).

Escribió más de veinte libros sobre temas de movimientos sociales, política, cultura y desarrollo. Actualmente es profesor de la UNSAM, de FLACSO y de la Universidad de Córdoba, en Argentina; de la Universidad Mayor de San Simón (UMSS-CESU) en Cochabamba, Bolivia; y de la Universidad Alberto Hurtado de Santiago de Chile.

Alejandra Contreras de Álvarez

Se desempeña como economista investigadora del ICEFI, colaboradora en el área de Presupuestos Públicos y Derechos Humanos. Es economista por la Universidad Rafael Landívar. Posee una maestría en Economía de la Universidad de Illinois at Urbana Champaign, Estados

Unidos, y un posgrado en Economía y Finanzas de Banca Central del Banco de Guatemala y la Universidad Rafael Landívar. Anteriormente, laboró como analista en el Departamento de Estadísticas Económicas del Banco de Guatemala. Se unió al ICEFI en 2010.

Enrique Maldonado

Es licenciado en Economía por la Universidad de San Carlos de Guatemala. Posee pensum cerrado de la Maestría en Desarrollo en la Universidad del Valle de Guatemala. Realizó un posgrado en Evaluación Económica y Social de Proyectos en la Universidad de los Andes (Colombia). Se ha especializado en evaluación de impacto de proyectos por el Instituto del Banco Mundial (México). Se ha desempeñado como consultor de UNESCO y el Ministerio de Economía en temas de economía laboral y desarrollo empresarial. Ha colaborado en la formulación y evaluación de proyectos y políticas públicas, entre otras instituciones, para el Banco Mundial, el Ministerio de Educación, Cooperación Canadiense, el PNUD y la SIECA. También fue director de Análisis Estadístico en la Cámara Guatemalteca de la Construcción. Ha sido docente en la Universidad Rafael Landívar y San Carlos de Guatemala.

Jesús Rodríguez

Es magíster en Relaciones Internacionales y Negociaciones Económicas Internacionales, FLACSO, Universidad de San Andrés, Universidad de Barcelona. Obtuvo su Licenciatura en Economía en la Universidad de Buenos Aires. Se desempeña como socio gerente en Latin Focus y es consultor de la OEA, el Intal, la CEPAL y el BID. Desde el año 2006 es coordinador ejecutivo del Proyecto de Fortalecimiento Legislativo de FLACSO Argentina. Representó a la Ciudad de Buenos Aires en la Cámara de

Diputados de la Nación en cuatro elecciones, siendo, en varios períodos, presidente de la Comisión de Presupuesto y Hacienda y autoridad del Bloque Parlamentario. Fue electo para integrar la Convencional Nacional Constituyente y se desempeñó como autoridad en la Comisión de Reforma Federal. Integra el Consejo de Presidencia de la Asamblea Permanente de los Derechos Humanos (APDH) desde 1984 y es consultor titular del Consejo Argentino para las Relaciones Internacionales (CARI).

www.ingramcontent.com/pod-product-compliance
Lightning Source LLC
Chambersburg PA
CBHW020706270326
41928CB00005B/293